디지털 월세 내는
마케터의 AI앵콜기

나는 생산자가 아니라
구독자였다.

주성은 지음

｜프롤로그

'디지털 월세' 시대, 당신은 건물주인가 세입자인가?
AI를 본격적으로 업무에 도입하면서 내가 가장 먼저, 그리고 뼈저리게 체감한 변화는 아주 단순했다.

　"이 세계는 결국 돈이다."

생성형 AI라는 거대한 혁신의 문이 열린 뒤, 우리 같은 콘텐츠 크리에이터들의 삶은 월세가 하나 더 생긴 구조로 바뀌었다. 미드저니(Midjourney), 수노(Suno), 레븐랩스(ElevenLabs), 헤이젠(HeyGen), 런웨이(Runway)... 지금 시장에서 가장 '핫'하다는 툴들은 예외 없이 모두 유료다. 무료 찍먹(체험) 버전이 있다 해도, 실무에서 쓸만한 퀄리티를 얻으려면 유료 구독 버튼을 누를 수밖에 없다.

나 역시 호기심 반, 필요 반으로 거의 모든 툴을 결제했다. 이미지, 영상, 음성, 음악... 상상하는 모든 것을 가능하게 해주는 새로운 모델이 나올 때마다 망설임 없이 카드를 긁었다. 그 비용을 합치니 매달 적지 않은 돈이 통장에서 빠져나갔다. 말 그대로 '디지털 월세'였다.

하지만 진짜 문제는 통장 잔고가 아니었다.

이 '디지털 월세'를 기꺼이 지불하고 AI를 내 손발처럼 부리는 사람과, 비용이 부담스러워 혹은 배우기 귀찮아서 외면하는 사람 사이의 격차가 무섭도록 빠르게 벌어지고 있다는 점이다. 이것은 부익부 빈익빈의 디지털 버전이자, 우리가 마주한 냉혹한 현실이다.

정보는 넘쳐난다. 유튜브와 블로그에는 "이 프롬프트만 쓰면 끝!"이라는 식의 정보가 하루에도 수십 개씩 쏟아진다. 사람들은 "좋아 보이네, 일단 저장!"을 외치지만, 정작 콘텐츠를 만들 때는 그 정보가 어디 처박혀 있는지조차 모른다. **'저장'만 하고 '실행'은 하지 않는 시대.** 이것이 바로 AI 시대의 함정이다.

나는 이 책에서 단순히 "이 툴을 쓰세요", "이 프롬프트를 복사해 가세요"라고 말하지 않을 것이다. 정보는 매일 바뀌지만, 정보를 다루는 '사고법'은 바뀌지 않기 때문이다.

나 역시 처음엔 혼란스러웠다. 좋다는 강의는 닥치는 대로 듣고, 설치하고, 실패했다. 그 시행착오 끝에 내린 결론은 하나다.

"지속 가능하지 않은 방식은 오래가지 못한다."

중요한 건 내 상황에 맞는 툴 조합을 찾고(Tool-Mix), 감당 가능한 요금제로 정착하고, 초보에서 프로로 넘어가는 나만의 루틴을 만드는 것이다.
많은 사람이 묻는다.

"AI 때문에 내 직업이 사라지면 어떡하죠?"

10년 차 마케터로서 단언컨대, AI가 당신의 작업을 대신해 줄 순 있어도 '기획'을 대신해 줄 순 없다.
"로고 만들어줘"라고 하면 AI는 뜬구름 잡는 이미지를 내놓는다. 하지만 "파도의 역동성을 모티브로 하되, 선은 미니멀하게, 컬러는 딥 블루로"라고 말하면 AI는 놀라운 결과물을 내놓는다.
AI는 빈 상자에서 무언가를 꺼내주지 못한다. 그 상자의 밑그림을 채우는 건 여전히 인간의 몫이다.
우리는 '빠르게 만드는 사람'이 아니라 '잘 설계하는 사람'이 되어야 한다. AI는 우리의 적이 아니라, 가장 강력하고 말 잘 듣는 파트너다.
이 책은 두려움 대신 도구를 쥐기로 결심한 당신에게, 가장 현실적이고 실무적인 'AI 파트너 사용 설명서'가 될 것이다. 자, 이제 디지털 월세를 내는 세입자에 머물지 말고, AI라는 도구를 통해 콘텐츠라는 건물을 짓는 생산자가 되어보자.

| 목차

AI는 손발이고, 머리는 당신이다

1장. 기획은 AI에게 맡겨라? 천만에.

AI 툴이 쏟아지면서 많은 사람이 착각하는 것이 하나 있다. "이제 AI가 다 알아서 해주겠지?" "기획부터 제작까지 원클릭으로 되는 거 아냐?"

미안하지만, 그런 마법은 없다. 적어도 아직까지는, 그리고 앞으로도 상당 기간 동안 '기획'이라는 영역은 온전히 인간의 몫으로 남을 것이다. AI는 당신의 손과 발을 10개, 100개로 늘려주는 '슈퍼 슈트'이지, 당신의 뇌를 대신하는 '대리인'이 아니기 때문이다.

• 기획의 본질: 사고의 앞단(Front-end)은 여전히 인간의 영역이다

콘텐츠 제작 과정을 요리라고 생각해보자. AI는 칼질을 기가 막히게 잘하는 보조 셰프다. 당신이 "양파를 다져줘"라고 하면 1초 만에 완벽하게 다져낸다. "스테이크를 미디엄 레어로 구워줘"라고 하면 온도계 없이도 정확한 굽기로 구워낸다.

하지만 AI 셰프에게 치명적인 단점이 있다. 바로 '오늘 무슨 요리를, 누구에게, 왜 대접해야 하는지'를 모른다는 점이다.

"맛있는 거 만들어줘." 이런 주문을 받으면 AI는 당황한다. (물론 확률적으로 가장 인기 있는 메뉴를 내놓겠지만, 그게 당신이 원하는 것이라는 보장은 없다.) 오늘 손님이 채식주의자인지, 매운 걸 못 먹는지, 기념일인지 아닌지, 분위기는 로맨틱해야 하는지 캐주얼해야 하는지. 이 모든 상황 판단과 메뉴 선정, 즉 '사고의 앞단(Front-end)'은 오직 메인 셰프인 당신만이 할 수 있다. 기획도 마찬가지다.

- AI의 영역 (Back-end): 텍스트를 다듬기, 이미지를 생성하기, 영상을 편집하기, 코드를 짜기

- 인간의 영역 (Front-end): "이 콘텐츠를 왜 만드는가?", "누가 보는가?", "어떤 감정을 전달할 것인가?", "브랜드의 톤앤매너는 무엇인가?"

이 '앞단'의 정의가 부실하면, AI는 화려하지만 알맹이 없는 결과물, 소위 말하는 'AI스러운(영혼 없는)' 결과물만 쏟아낸다. 기획자가 명확한 청사진(Blueprint)을 그리지 못하면, 아무리 비싼 유료 툴을 써도 결과는 공사판 폐기물이 될 뿐이다. 기억하자. AI는 방향을 모른다. 핸들은 당신이 쥐고 있다.

• 10년 차 마케터가 AI를 만났을 때 달라진 것과 달라지지 않은 것

마케터로 10년을 일하며 산전수전 다 겪었다고 생각했다. 카피 한 줄을 쓰기 위해 밤을 새우고, 디자이너와 시안 수정으로 씨름하던 날들. AI가 등장했을 때, 솔직히 나는 내 밥그릇을 걱정했다. 하지만 지금은? 나는 이전보다 훨씬 더 바쁘고, 훨씬 더 많은 일을 처리하며, 훨씬 더 창의적이다.

달라진 것: 속도와 비용, 그리고 시안의 질

가장 극적인 변화는 '속도'다. 예전에는 아이디어 회의 → 레퍼런스 서치 → 초안 작성 → 수정까지 꼬박 3일이 걸리던 상세페이지 기획안이, 이제는 3시간이면 끝난다.

- 이미지: 디자이너에게 "숲속 느낌으로..."라고 말로 설명하는 대신, 미드저니로 시안 4개를 뽑아서 "이런 톤으로 가주세요"라고 던진다. 커뮤니케이션 미스가 제로에 수렴한다.
- 카피: "가을 신상 재킷 카피 10개만 써줘"라고 시키면 3초 만에 나온다. 나는 그중에서 좋은 단어를 골라 조립하기만 하면 된다.
- 영상: 외식업계 마케터로서 가장 크게 체감하는 분야다. 과거에는 '어떻게 찍어야 음식이 맛있어 보일까'라는 촬영 기법의 한계에 갇혀 있었다면, AI는 그 상상력의 족쇄를 풀어주었다. 예를 들어 우리 브랜드 캐릭터가 매장에 걸어 들어와 음식을 먹는 3D 애니메이션을 상상해 보자. 예전 같으면 전문 스튜디오에 1~2억 원을 주고 몇 달을 기다려야 하는 대형 프로젝트라 기획 단계에서 아예 논외(Non-key)로 쳤던 일이다. 하지만 지금은 다르다. 나만의 캐릭터를 조합해 매일 밤 15초짜리 고퀄리티 3D 쇼츠(Shorts)를 직접 릴리스한다. 수억 원의 제작비가 단 몇 만 원의 '월 구독료'와 나의 '노동'으로

대체된 것이다. AI 덕분에 상상만 했던 매력적인 콘텐츠가 현실이 되었다.

달라지지 않은 것: 통찰력(Insight)과 최종 결정권

반면, 10년 전이나 지금이나 변하지 않은 것은 '통찰력'이다. AI가 뽑아준 10개의 카피 중 무엇이 우리 타깃 고객의 심장을 때릴지 고르는 눈. 미드저니가 그려준 4개의 그림 중 우리 브랜드 컬러와 맞는 것이 무엇인지 판단하는 감각. 이것은 데이터가 아니라 경험과 공감 능력에서 나온다.

AI는 데이터를 기반으로 '가장 그럴듯한 평균값'을 내놓는 데 선수다. 하지만 마케팅과 콘텐츠는 때로 평균을 벗어난 '파격'과 '공감'이 필요하다. 그 엣지(Edge)를 더하는 것은 결국 사람의 몫이다. AI 시대를 사는 마케터의 핵심 역량은 이제 '제작 능력'이 아니라 '선별 능력(Curation)'과 '디렉팅 능력(Directing)'이다.

  • AI에게 질문 잘하는 법: "개떡같이 말하면 개떡같이 알아듣는다"

우리 팀 신입 사원에게 업무 지시를 한다고 상상해보자. "김 대리, 기획서 좀 써와." 이렇게 말하면 김 대리는 멘붕에 빠진다. 어떤 기획서인지, 언제까지인지, 분량은 얼마나 되는지 아무것도 모르니까.

AI는 눈치 없는 신입 사원과 똑같다. 아니, 더 심하다. 인간 신입 사원은 눈치라도 보지만, AI는 입력된 값 그대로만 출력한다. "Garbage In, Garbage Out(쓰레기가 들어가면 쓰레기가 나온다)"은 AI 프롬프트 엔지니어링의 절대 진리다.

- 나쁜 질문의 예 -

(사람) "다이어트 식품 홍보 글 써줘."

(AI의 속마음) 뭐? 블로그? 인스타? 타깃이 누군데? 말투는 어떻게? 에라 모르겠다, 그냥 교과서적인 내용이나 써주자.

(결과) "건강한 다이어트를 위해 우리 제품을 드세요. 영양소가 풍부합니다." → 아무도 안 읽을 글이 나온다.

"나는 30대 직장인 여성을 타깃으로 하는 다이어트 쉐이크 브랜드 마케터야. (역할 부여) 야근이 잦아 저녁 챙겨 먹기 힘든 상황에 공감하는 인스타그램 피드 글을 써줘. (상황 & 매체) 말투는 친근한 언니처럼, 이모지를 많이 섞어서 작성해줘. (톤앤매너) 핵심 키워드는 #저녁대용 #식단관리 #직장인스타그램 이야." (제약 조건)

이렇게 구체적으로 지시하면 AI는 놀라울 정도로 퀄리티 높은 초안을 내놓는다. 질문의 수준이 곧 답변의 수준을 결정한다. 당신이 AI에게 실망했다면, 툴이 멍청한 게 아니라 당신의 질문이 모호했을 확률이 99%다.
이번 책을 집필하면서도 Chat GPT에게 표지 디자인을 의뢰했다.

AI 콘텐츠 제작 실전 노트 에 대한 책표지 제안좀 해줘. 2030 컨텐츠 제작자들이 사고싶도록 감각적이고 현대적인 디자인 이었으면 좋겠는데 근데 또 AI 니까 태블릿이나 컴퓨터가 들어가야 하나? 싶기도 하면서 그건 너무 감각적이지 않고 올드하다는 생각도 들고... 색감도 추천해주고 눈에 딱 띄어야하니까 파란색? 아니면 파스텔 톤? 뭘로 할지조차 감이 안와서 너가 좀 같이 고민해줬으면 좋겠는데

언뜻보면 고민을 이야기한 것 같기도 하고, 나름 구체적으로 질문한 것 같기도 하지만 잘 들여다보면 이건 표지의 전체 방향성을 Chat GPT에게 맞겨버린 질문이다. 그리고 Chat GPT도 열심히 답해주긴했다. 늘 그는 성심성의껏 답해주긴 하니까.

좋은 질문이야.

이 책은 **"AI를 다루는 기술서"**가 아니라 **"AI로 콘텐츠를 '만드는 사람'의 감각 노트"**여서, 표지도 그 결이 정확히 맞아야 2030이 **'사고 싶은 물건'**이 돼.

아래에서 **방향부터 정리 → 색감 → 비주얼 콘셉트 4안**으로 같이 고민해볼게.

1️⃣ 먼저 결론부터

❌ 태블릿·노트북·로봇 아이콘 → 쓰지 않는 게 맞아

- 이미 **AI = 노트북**은 너무 2018년 감성
- 기술서 / 교재 / 입문서로 보이기 쉬움
- "실전 노트"의 감각과 안 맞음

👉 **AI는 '기계'가 아니라 '사고 방식'으로 표현하는 게 핵심**

2️⃣ 이 책 표지가 줘야 할 첫인상 (아주 중요)

2030이 서점/온라인에서 봤을 때 느껴야 할 감정:

- 📌 "이건 **AI 입문서**가 아니다"
- 📌 "디자인·영상·SNS 만드는 사람이 쓴 **현장 노트** 같다"
- 📌 "지금 트렌드다 / 인스타 감성이다"
- 📌 "읽으면 바로 써먹을 수 있을 것 같다"

3️⃣ 색감 먼저 정하자 (핵심 선택지)

🔵 1안. 딥 블루 + 네온 포인트 (가장 추천)

> "AI 감성 + 전문성 + 힙함"의 균형

- 메인: 짙은 블루 / 인디고
- 포인트: 네온 시안, 라임, 핑크 중 1
- 장점
  - AI 느낌은 살리되 올드하지 않음
  - 유튜브·숏폼·테크 크리에이터 감성과 잘 맞음
- 단점
  - 디자인이 허술하면 'IT책'처럼 보일 수 있음 → 그래픽이 중요

👉 **가장 안전하면서도 세련된 선택**

명확한 청사진 없는 내 질문에 어떻게든 답해보려 고군분투한 녀석의 노력을 보여주기 위해서 ChatGPT의 답변 중 극히 일부만 발췌해 보았다. 화려해 보이지만 영혼 없이 쏟아낸 결과물 중 하나를 선택해 표지 디자인을 진행해 달라고 요청했다.

🔥 내가 추천하는 최종 조합 (베스트 1)
✅ 딥 블루 배경 + 타이포 중심 + 프롬프트 파편

배경: 딥 블루

제목: 화이트 or 아주 옅은 그레이

포인트: 네온 시안 한 줄 or 한 단어

이미지 없음 (또는 아주 추상적)

이걸로 전면 후면 디자인좀 dalle로 해봐줄래?
출판사명 : 조이투더월드
작가명 : 주성은

제목 : 디지털 월세 내는 마케터의 AI 생존기
부제 : 10년 차 마케터가 10가지 유료 툴을 직접 써보고 찾은 '돈값 하는' 콘텐츠 제작법

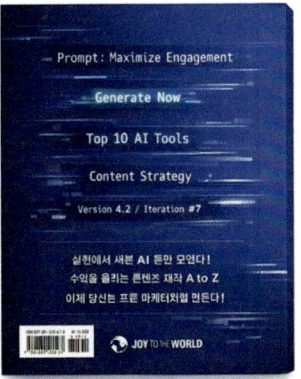

앞서 보여준 ChatGPT의 답변은 사실 내 '쓰레기 같은 질문'이 불러온 재앙이었다. 물론 대략적인 디자인 감도만 확인하려던 의도였지만, 결과물은 충격적일 정도로 올드하고 촌스러웠다. 이것이 바로 AI를 '손발'이 아닌 '머리'로 썼을 때의 결과물이다. 기획자가 청사진을 그리지 않고 AI에게 모든 결정권을 넘기면, AI는 그저 데이터의 평균값에 수렴하는 가장 뻔하고 재미없는 결과물을 내놓는다. 툴이 멍청한 게 아니라, 내 질문이 모호했기에 벌어진 당연한 결과다.

촌스러운 시안을 보며 나는 깊은 고민에 빠졌다. 결국 기획자로서 내가 직접 디자인의 뼈대를 그려내야만 했다. "어떤 표지를 만들어야 AI 마케터의 센스를 증명할 수 있을까?"

그때 내 뇌리를 스친 키워드는 '로블록스(Roblox)'였다.

- 타겟의 니즈: 내 독자층인 2030 마케터들은 트렌드에 민감하며, '젠지(Gen Z)'스러운 감각을 유지하고 싶어 한다.

- 상징성: 로블록스는 단순한 게임을 넘어 각자가 본인의 세계를 구축해 나가는 플랫폼이다.

- 메시지: '디지털 월세'에 허덕이는 마케터의 현실을, 본인만의 세계를 만들어가는 로블록스 아바타로서 표현해보자는 단계에 사고가 이르렀다.

결국 아이디어는 인간의 머리에서 나온다. AI가 수만 개의 정보를 조합할 수는 있어도, 맥락을 꿰뚫는 **'한 끗'의 영감은 여전히 기획자의 몫**이다. 기획자가 AI 때문에 직업을 잃을 일이 '아직까지는' 없는 이유이기도 하다.

방향이 정해지자 이제 AI가 제 실력을 발휘할 차례였다. 내 사진을 넣고 '로블록스 체'로 그려달라고 주문했다. 여기서부터는 AI가 나의 충실한 '손과 발'이 되어주었다. 살을 빼달라거나, 다양한 각도와 표정을 그려달라는 까다로운 요구를 AI는 지치지도 않고 수행해냈다.

- 프롬프트 -
로블록스 기본 아바타 스타일 각진 얼굴
단순한 눈/입 완전 게임 캐릭터 느낌
(+좌측 사진첨부)

그랬더니 아래와 같은 결과물이 나왔다. 그래서 다시 주문했다.

- 프롬프트 -
약간 살을 빼주고 두손을 위로 들고 살려주세여!!
하는 느낌으로 표정변경

- 프롬프트 -
심오하게 하얀색 책상에 앉아서
노트북 켜놓고 컨텐츠 고민하는 듯한 모습

하지만 AI가 만든 소스만으로 책 표지가 뚝딱 완성되는 '마법'은 없다. 결과적으로 이 표지 디자인 하나에 꼬박 12시간을 쏟아부었다. AI가 다 해주는 것 아니냐고? 천만에. AI가 그려준 소스에는 '외계어' 같은 텍스트가 섞여 나오기도 하고, 묘하게 어색한 질감들도 있다. 나는 이 소스들을 포토샵으로 가져와 하나하나 재편집하고, 텍스트를 바꾸고, 레이아웃을 직접 다듬었다. AI를 내 손발처럼 부려 수없이 많은 소스를 뽑아내지만, 그 조각들을 엮어 '작품'으로 마침표를 찍는 건 결국 제작자의 노동과 집착이다.

그러나 AI가 '손과 발'이 된다는 건 단순히 명령 한 줄에 이미지를 툭 뱉어내는 '소스 생성'만을 의미하지 않는다. AI의 진짜 효용성은 기획자가 만든 시안을 두고 AI와 나누는 치열한 '디자인 핑퐁'에 있다.

아래 이미지는 내가 캐릭터 시안을 만들며 실제로 주고받았던 피드백 과정이다. 나는 AI에게 대단한 기법을 요구하지 않았다. 그저 내 눈에 거슬리는 부분을 친구에게 말하듯 툭 던졌을 뿐이다.

- 프롬프트 -
① 이렇게 하라고??? 간격이 좀 이상해 보이는데?? 어때 피드백
② 사이즈가 8.8인데 너무작지는 않아? 구도 피드백
③ 흰색 박스는 바코드랑 ISBN?? 그런거 넣는거야
너가 말한대로 띄어봤는데 어때?
④ 보완할점? 평가좀

많은 사람이 프롬프트라고 하면 복잡한 명령어 구조나 어려운 영어 단어의 나열을 떠올린다. 하지만 프롬프트는 고차원적인 기술이 아니라 "그냥 내가 궁금한 걸 편하게 물어보는 대화" 여도 충분하다. 단, 조건이 있다. AI가 나의 '머리'가 아닌 '손과 발'이 되어 움직일 때다. 이런 투박한 말에도 찰떡같이 대답해주는 AI비서의 답변을 엿보자.

1 지금 페이지, 간격이 이상해 보이는 이유 (디자인 피드백)

결론부터

👉 네 느낌이 맞다. 지금은 '틀린 건 아닌데 어색'한 상태야.
이유는 명확해.

❌ 문제 1: 시선의 시작점이 너무 위에 있음

- 저자 SNS + 검은 박스가 페이지 맨 위
- 그 아래에 **진짜 주인공인 저자소개 텍스트**

👉 독자 시선:

"어? 이 페이지 뭐지?"
"SNS가 메인이야?"

❌ 문제 2: 위는 빡빡, 아래는 느슨

- 위쪽: 요소가 몰려 있음
- 아래쪽: 여백이 넓게 남음

👉 결과:

- **페이지 무게중심이 위로 쏠림**
- 글이 더 작아 보이는 착시 발생

🖌️ 실전 수정 제안 (Illustrator 기준)

1. **텍스트 박스 전체를 오른쪽으로 5~8mm 이동**
2. **텍스트 박스 폭을 줄이지 말고**
3. **대신 오른쪽 여백을 남긴다**

❌ 글을 더 줄이는 건 지금 단계에선 비추천
⭕ 여백으로 해결하는 게 정답

🔺 추가로 하면 더 좋아지는 디테일

· 문단 간 줄간격

- **문단 사이 간격을 현재보다 +2~4pt**
- 특히:
    - "Runway, Midjourney, Suno 등"
    - "이러한 경험을 바탕으로"
    - "이 책은 저자가..."

→ 이 세 블록은 호흡 포인트

방금 본 것처럼 내가 AI에게 투박하게 말을 던져도 찰떡같은 대답이 돌아오는 이유는 명확하다. 질문 이전에 이미 AI에게 구체적인 '역할'과 '상황'을 부여해두었기 때문이다 . 이것이 바로 다음 장에서 다룰 'R.C.O 법칙'의 핵심이자, AI를 내 의도대로 움직이게 만드는 마법의 열쇠다.

그리고 이처럼 자간 하나, 레이아웃의 여백 한 곳까지 AI에게 피드백을 요청하며 디자인의 완성도를 끌어올릴 수 있다. 인간 디자이너에게 이런 세세한 수정을 수십 번 요청했다면 아마 절교 선언을 들었겠지만, AI는 지치지도 않고 가장 확률 높은 가이드를 제시하며 완벽주의를 뒷받침해 주는 최고의 비서다.

그렇다면 이 지치지 않는 유능한 비서와 어떻게 대화해야 '찰떡같은' 결과물을 계속해서 뽑아낼 수 있을까? 이제 어떤 AI 툴을 만나더라도 당황하지 않고 바로 써먹을 수 있는 마법의 대화 공식, 그 비밀을 공개한다.

2장. 초보도 실패 없는 '프롬프트 엔지니어링' 사고법

'프롬프트 엔지니어링'이라는 말이 어렵게 들릴 수 있다. 무슨 코딩을 배워야 할 것 같고, 복잡한 수식을 써야 할 것 같다. 하지만 겁먹지 마라. 우리는 개발자가 될 게 아니다. 우리는 그저 AI와 '대화'를 잘하고 싶은 것이다.

• 템플릿 베끼기는 그만, 어떤 툴에서도 통하는 '프롬프트 설계' 3공식

인터넷에 떠도는 "마법의 프롬프트 모음집"을 복사해서 붙여넣었는데, 결과가 이상하게 나온 경험이 있는가? 당연하다. 그 프롬프트는 그 사람의 상황(Context)에 맞춰진 것이지, 내 상황에 맞는 게 아니기 때문이다. 남의 옷을 입으려 하지 말고, 내 몸에 맞는 옷을 재단하는 법을 배워야 한다.

어떤 AI 툴(ChatGPT, Claude, Gemini 등)에서도 통하는 불변의 3공식을 소개한다. 이 공식은 **'R.C.O 법칙'**이라 부른다.

① Role (역할 부여): "너는 누구인가?"

AI에게 가면을 씌워라. 역할을 부여하면 AI는 그 직업군의 데이터베이스를 우선적으로 활성화한다.
- Bad: "여행 계획 짜줘."
- Good: "너는 15년 경력의 유럽 전문 여행 가이드야. 특히 현지인만 아는 숨겨진 맛집을 찾는 데 일가견이 있어."

② Context (상황 및 맥락): "어떤 상황인가?"

구체적인 배경 설명을 해줘라. 육하원칙 중 '누가, 왜, 무엇을'이 여기에 해당한다.
- Bad: "오사카 3박 4일 일정 짜줘."
- Good: "부모님(60대)을 모시고 가는 효도 여행이야. 부모님이 무릎이 안 좋으셔서 걷는 일정은 최소화하고 싶어. 예산은 인당 150만 원이고, 온천은 필수야."

③ Output (출력 형식 및 제약): "어떻게 보여줄까?"

최대한 친절히, 최대한 구체적으로 원하는 결과물의 형태를 명확히 지정해라.

- Bad: "알려줘."
- Good: "표(Table) 형식으로 정리해줘. 1일 차, 2일 차로 나누고 [시간 / 장소 / 이동 수단 / 예상 비용] 컬럼을 포함해줘. 말투는 '해요체'로 부드럽게."

[PRO TIP] AI의 '눈'을 빌려라: 멀티모달(Multi-modal) 활용법

이 RCO 법칙은 텍스트뿐만 아니라 이미지나 영상 툴에도 똑같이 적용된다. 아니, 더 중요하다. 나는 Runway나 HeyGen 같은 영상 AI를 쓸 때, 내가 직접 엉성한 영어로 입력하지 않는다. 대신 ChatGPT나 Gemini 같은 똑똑한 비서들에게 부탁한다.

이때 중요한 개념이 바로 '멀티모달(Multi-modal)'이다. 멀티모달이란 AI가 텍스트뿐만 아니라 이미지, 소리 등 다양한 정보(Mode)를 동시에 이해하는 능력을 말한다. 쉽게 말해 AI에게 '눈'이 생긴 것이다. 우리는 이 눈을 적극적으로 활용해야 한다.

① 쓸 곳(Channel)을 정확히 말해줘라 각 AI 툴마다 '잘 알아듣는 언어'가 다르다. ChatGPT나 Gemini는 그 어떤 전문가보다 이 툴들의 특성을 잘 알고 있다.

> 내가 Runway Gen-2(채널 기재)에 넣을 프롬프트가 필요해. (Output) 내용은 어두운 사이버펑크 도시를 걷는 고양이 영상(Context)이고, 너는 Runway 프롬프트 엔지니어 전문가(Role)야. Runway가 가장 잘 알아듣는 영어 프롬프트 구조로 작성해 줘."

이렇게 '어디에 쓸 것인지'를 알려주면, AI는 그 툴의 알고리즘에 딱 맞는 언어로 내 요청을 '번역'해 준다.

※ Chat GPT에게 Runway 프롬프트를 요청한 예시

국자를 냄비에 담궈서 휘휘 젓는걸 프롬프트로 runway image to video

아래 사진(뼈송이 만두 끓이는 장면)을 **Runway Image to Video**로 만들 때,
"국자를 냄비에 담궈서 휘휘 젓는 동작"이 자연스럽게 나오게 하는 전용 프롬프트를 깔끔하게 만들어줄게!

☑️ **Runway Image-to-Video 프롬프트 (국자로 냄비 저어주기)**

이미지 업로드 후 아래 프롬프트 그대로 넣으면 돼!

📑 **프롬프트 (영문)**

```pgsql
                                                                              코드 복사

The character gently dips the ladle into the pot of dumpling soup and stirs it in a circular motio
Keep the movement smooth and realistic, with small ripples forming on the soup surface.
The character's body stays steady while the arm and wrist move naturally as it stirs.
Soft kitchen lighting, warm and cozy atmosphere.
Maintain the original character design, proportions, and facial expression from the input image.
Make the steam rise softly from the pot as the ladle stirs.
```

※ Chat GPT에게 Whisk 프롬프트를 요청한 예시

한강에서 패딩이랑 추위에 떨면서 라면먹기 whisk로 만들건데 prompt
좀

아래 **삐숑 캐릭터 이미지(업로드한 파일)**를 기반으로
Whisk(구 Luma/NanoBanana 계열)에서 '한강에서 패딩 입고 추위에 떨면서 라면 먹는' 영상이 자연스럽
게 나오는 **완성형 프롬프트**를 만들어줄게!

🎬 Whisk 영상 생성 프롬프트

(업로드한 이미지 경로도 반영해서 작성)

📌 **Prompt (영문 — Whisk 최적화 버전)**

```vbnet
                                                          📋 코드 복사

A tiny fluffy white bichon character, same as the reference image: cute, round eyes, soft curly fu
Place the character outdoors at the Han River in Seoul on a freezing winter day.
The character is wearing a thick puffy winter padding jacket with the zipper pulled up high.
Cold wind blows strongly, making the character shiver slightly.

The bichon sits on a cold riverside bench with a steaming cup-ramen in its paws.
Its breath is visible in the cold air.
Steam rises from the ramen dramatically as the character tries to eat,
holding chopsticks with small trembling movements due to the cold.

The camera focuses on:
- the trembling body from the cold,
- the wind shaking the fur and padding,
- steam mixing with the winter air,
- the Han River and city lights faintly blurred in the background.

Overall mood: cute, cinematic, winter atmospher↓ realistic lighting, cozy but freezing vibe.
Use the reference image for accurate character face, fur texture, and proportions.
Reference image: /mnt/data/anonymous mini bichon character  its cute and fluffy appearance 4413295
```

+ 무엇이든 물어보세요   🎤

② 백 마디 말보다 한 장의 사진을 보여줘라. 내가 실제로 가장 애용하는 방법이다. 말로 설명하기 힘든 분위기나 구도는 '참조 이미지(Reference Image)' 한 장이면 해결된다.

Runway가 아닌 다른 툴을 사용할 때도 동일한 프로세스로 진행하면 된다.
STEP 1 내가 만들고 싶은 영상과 비슷한 레퍼런스 사진 및 현재 작업 중인 Runway 화면을 캡처한다.
※ Runway 화면을 캡쳐해서 같이 넣어주는 이유는 혹시나 Runway의 작업환경을 해당 AI툴이 인지를 못할 수 있기 때문에 보다 정확한 결과를 위해서 약간의 노력을 더해주는 것일 뿐 매번 필수는 아니다.
STEP 2 이 사진들을 Gemini나 ChatGPT 대화창에 업로드한다.
STEP 3 "내가 이 사진을 Runway에 넣어서 [이런 느낌의 영상]을 만들 거야. 이 사진의 톤앤매너, 조명, 구도를 완벽하게 분석해서 Runway용 영어 프롬프트로 써줘."

이렇게 하면 AI는 이미지의 미세한 질감까지 분석해 텍스트로 변환해 준다. 내 말 한마디보다 '참조 이미지(시각) + AI의 분석(언어)'이 결합되었을 때, 커뮤니케이션 미스는 획기적으로 줄어든다. 이것이 바로 멀티모달 시대의 일하는 방식이다.

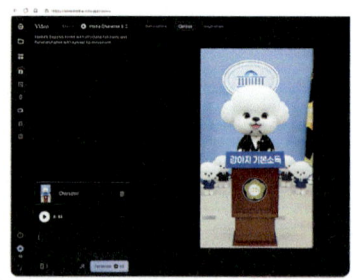

또 다른 프롬프트 좀 써줘봐 흥미롭게 익사이팅하게
클릭하고 싶게
그리고 카메라 플래시 세례를 느끼게

좋아. 지금 장면은 이미 **기본 구조가 완벽**하니까,
Hedra **Custom Instruction**에서 톤만 살짝 바꿔주면
완전 "화제의 기자회견" 같은 익사이팅한 숏츠 느낌으로 바뀜.

아래 프롬프트는 클릭 유도 **+** 긴장감 **+** 카메라 플래시 세례 **+** 현장감까지 다 넣어둔 최적화 버전이야.

🔥 Hedra Custom Instruction – "익사이팅한 현장감 + 카메라 플래시 세례 버전"

👉 Hedra Character 3에 그대로 붙여 넣으면 됨.

```pgsql
Make the main Bichon plushie deliver the speech with high energy and charismatic confidence.
Add lively paw gestures, animated head nods, and adorable emphasis motions that match the emotiona
As the character speaks, simulate the feeling of a real press frenzy: create subtle camera flashes
soft light bursts reflecting on the suit and podium, and tiny flickers on the background to mimic

Let the main plushie glance at imaginary reporters on the left and right, then return to direct ey
When emphasizing key lines, have the plushie lean forward slightly or raise one paw confidently.

The supporting plushies should react with excited micro-movements: head tilts, quick nods, or tiny
Keep their timing rhythmic, as if the room is buzzing with excitement.

Add a gentle dynamic camera movement: start in a medium shot, then apply a slow, cinematic push-ir
The overall tone should feel urgent, newsworthy, and irresistibly click-worthy—like a viral politi
```

• 비교 실험 ChatGPT VS Gemini : 기획 단계에서 승자는 누구인가?

기획 단계에서 가장 많이 쓰는 두 가지 텍스트 생성 AI, ChatGPT(챗GPT) 와 Gemini(제미나이). 둘 다 훌륭한 유료 버전을 쓰고 있지만, 10년 차 마케터 입장에서 느끼는 '손맛'은 완전히 다르다. 이 둘의 미묘한 차이를 이해해야 진정한 AI 마스터가 될 수 있다. MBTI로 비유하자면 이 둘의 성격 차이는 더 극명하게 드러난다.

ChatGPT: "손발 잘 맞는 T 성향의 10년 차 부사수"

- 장점: 눈치가 빠르고 빠릿빠릿하다. MBTI로 치면 아주 철저한 'T(Thinking)' 같다. 사용자의 니즈를 기가 막히게 학습해서, 예를 들어 "Runway에 넣을 프롬프트 짜줘"라고 하면 군말 없이 해당 툴이 좋아하는 영어 포맷으로 딱 맞춰 내놓는다. 감정 섞지 않고 시키는 일의 목적에만 집중

23

하는 유능한 부사수 느낌이다.

- 단점: 뻔뻔한 '거짓말(Hallucination)'. T답게 논리적으로는 완벽해 보이지만, 모르는 내용도 아는 척하며 지어낸다. URL을 달라고 하면 없는 링크를 주는 등 '팩트'보다 '논리적 흐름'에만 치중할 때가 있다. 그래서 늘 중간 검증과 구글링을 통한 팩트 체크가 필수다.

- 한 줄 평: "시키는 일을 빠르고 정확하게 해내지만, 가끔 뻥을 쳐서 감시가 필요한 직원."

Gemini: "공감하며 함께 고민하는 F 성향의 기획 파트너"

- 장점: 사장점: 사고의 깊이가 다르고 든든하다. ChatGPT가 겉핥기 식으로 헛발질할 때, Gemini는 훨씬 깊이 있는 구조와 논리를 보여준다. MBTI의 'F(Feeling)'처럼 사용자의 맥락을 읽고 '함께 고민한다'는 느낌을 준다. 전반적인 신뢰도가 높으며, 긴 호흡의 글을 쓸 때 빛을 발한다. 지금 당신이 읽고 있는 이 책도 Gemini와 함께 쓰고 있다.

- 단점: 가끔 과하게 의욕적이다. 말귀를 너무 깊게 알아들어서 엉뚱한 행동을 하기도 한다. "이미지용 프롬프트를 써줘"라고 했더니 본인이 직접 이미지를 생성하려고 덤비는 식이다. "아니, 네가 만들지 말고 글만 써달라고!"라며 다시 가르쳐줘야 하는 수고로움이 있다.

- 한 줄 평: "가끔 엉뚱하지만, 진지한 대화가 통하고 믿을 수 있는 브레인."

마케터의 결론: 'T'와 'F'를 적재적소에 배치하라

결국 나는 이 두 툴을 성격에 맞춰 철저히 분업화시켰다. 단순히 어떤 툴이 더 뛰어난지 가리는 것이 아니라, 각자의 MBTI 기질을 활용해 업무를 배분하는 것이 핵심이다.

- ChatGPT (Action/손발): 콘텐츠 제작 단계에서 Runway나 Midjourney 같은 다른 AI 툴을 사용할 때, 즉각적인 Action(손발)이 필요한 순간에 소환한다. 정교한 프롬프트를 생성하거나 코드를 수정하는 등, 현장의 즉각적인 니즈를 해결하는 데 이만한 부사수가 없다.

- Gemini (Thinking/머리): 콘텐츠 이미지를 실제 제작하기 전, 전체적인 방향을 잡고 기획하는 Thinking(머리) 단계에서 메인 파트너로 활용한다. 구조 설계와 아이디어 확장 단계에서 제미나이는 단순한 툴 이상의

브레인 역할을 수행하며 기획의 맥락을 깊이 있게 이해해 주기 때문이다.

결국 성격이 극명하게 다른 두 비서를 적재적소에 배치하는 것, 그리고 '디지털 월세'라는 한정된 재원 안에서 내 업무의 무게중심에 맞춰 최적의 파트너를 골라내는 안목. 이것이야말로 마케터가 AI를 단순한 도구를 넘어 나를 강화하는 '슈퍼 슈트'로 진화시켜, 업무 효율을 200%까지 끌어올리는 진짜 노하우다.

• 실전! 내 업무 무게중심에 맞는 '최애 비서' 채용과 길들이기

앞서 말했듯 성격이 다른 두 비서를 모두 거느리면 좋겠지만, 우리의 재정(디지털 월세)은 한정되어 있다. 결국 선택의 기준은 '내가 어디에 시간을 가장 많이 쓰는가'에 달려 있다.

① 리서치 전문 비서보다 '종합 역량'에 투자하라

자료 조사하면 빠지지 않는 'Perplexity' 같은 툴도 있다. 나 역시 한 달간 유료로 써보며 그 우수성을 체감했다. 하지만 리서치 '너머'의 종합적인 콘텐츠 제작 역량 Thinking(머리)까지 고려했을 때, 나의 최종 선택은 결국 제미나이(Gemini)였다. 퍼플렉시티는 훌륭한 검색 도구이지만, 내 업무의 무게중심이 '검색'보다는 '기획과 구조 설계'에 더 쏠려 있었기에 나는 제미나이를 메인 파트너로 선택했다. 조사한 내용을 바탕으로 기획의 뼈대를 함께 세워줄 '똑똑한 브레인'이 더 절실했기 때문이다.

② [실전 케이스] 제미나이를 '제대로' 부려먹는 법: ODA 보고서 사례

나는 현재 산업통상자원부 2030 자문단으로서 '밸류업(Value-up) 보고서'를 작성하고 있다. 주제는 <ODA 패러다임의 대전환: 인프라 집약형에서 스타트업 혁신 솔루션형으로>다. 나에게도 낯설고 어려운 분야다. 이때 제미나이를 리서치 팀장으로 임명해 함께 작업하는데, 여기엔 나만의 '길들이기' 노하우가 있다.

핵심은 **"한 번에 다 시키지 말고, 최대한 쪼개서 시키는 것"**이다. 아무리 똑똑한 제미나이라도 복잡다단한 질문을 한꺼번에 던지면 답변이 짧아지거나 핵심을 놓치기 일쑤다.

STEP 1 항목 나열하기 (구조 설계)

"기업 사례 조사를 해야 하는데, 어떤 항목을 조사하면 좋을까? 내가 생각한 건 [기업 개요, 솔루션, 시장 진출 현황, ODA 효과]인데 이거 말고 더

있을까?" 먼저 조사의 '지도'를 그리게 시킨다.

STEP 2 쪼개서 질문하기 (심층 분석)

나온 항목 중 하나만 골라 요청한다. "그럼 A기업에 대해 '기업 개요 및 분석'만 해줄래?" 답변이 끝나면 다음 항목을 요청한다. "그 다음은 '사업 아이템 및 솔루션'을 찾아줘.".

STEP 3 신빙성 재검토 (출처 요구)

항상 질문 끝에는 "(출처 URL은 꼭 함께 달아줘)"를 덧붙인다. AI가 가끔 뻥(Hallucination)을 치더라도, 내가 직접 링크를 타고 들어가 팩트를 체크할 수 있는 안전장치를 마련하는 것이다.

③ 당신의 최전선은 어디인가?

이렇게 쪼개서 질문하고 피드백을 주고받는 과정은 꽤 에너지가 드는 'Thinking(머리)'의 영역이다. 기획과 리서치에 무게중심이 있다면? 제미나이를 메인 파트너로 삼아라. 남들이 다 쓴다고 따라 쓰는 세입자가 되지 마라. 지금 당장 당신이 가장 시간을 많이 뺏기고 있는 그 업무 현장, 그곳이 바로 최적의 AI 비서가 투입되어야 할 최전선이다.

I PART 2. 실전제작 (The Hands)

핫한 AI 툴 10종, 직접 써보고 털어본 리얼 리뷰

AI에게 이미지를 맡기면 단 1분 만에 시안이 쏟아진다. 하지만 그 1분짜리 결과물이 '돈값 하는' 콘텐츠가 되기까지는 수많은 시행착오가 뒤따른다. 물리적 생성은 1분이면 충분할지 몰라도, 그 결과물을 내 기획 의도와 100% 일치시키기 위해 수십 번 프롬프트를 고쳐 쓰는 집요함은 오롯이 기획자의 몫이기 때문이다.

참고로 이 파트에서 다룰 '실전 툴 10종'은 실제 콘텐츠의 '손과 발(Action)'이 되어줄 도구들(Midjourney, Whisk, Gemini, Image FX, ElevenLabs, Suno AI, Runway, HeyGen, Flow, Kling)로 엄선했다.

특히 눈여겨볼 점은 앞서 '뇌(Thinking)'로서 우리를 도왔던 제미나이(Gemini)의 재등장이다. 제미나이는 이번 파트에서 메인 제작 도구라기보다, 기획 의도를 가장 잘 이해하는 '수정 전문 서브 파트너'로서 활약한다. 화려한 시안을 뽑아내는 미드저니와 캐릭터를 고정해주는 Whisk 사이에서, 제미나이는 우리가 기획한 디테일을 마지막까지 깎고 다듬는 정교한 손놀림을 보여줄 것이다.

3장. 이미지(Image): 상상을 시각화하는 가장 빠른 길

내가 정의하는 이미지 생성 AI의 '3대장'은 다음과 같다.

- Midjourney : 압도적인 퀄리티와 예술성, 로고 디자인의 정점.

- Whisk : '캐릭터 일관성'의 신. 내 캐릭터의 얼굴을 고정(Reference)시켜 스토리텔링을 가능케 한다.

- Gemini: '수정의 대가'. 기획 단계에서의 파트너가 제작 단계까지 넘어와, 이미지의 세부 요소와 상황을 정교하게 고쳐준다.

• Midjourney(미드저니): 여전히 왕좌를 지키는 이유와 실무 활용 팁

많은 무료 툴이 쏟아져 나왔지만, 나는 여전히 기꺼이 미드저니의 '디지털 월세'를 지불한다. 이유는 단순하다. '때깔'이 다르기 때문이다. 디자이너가 며칠 밤을 새워 만든 것 같은 밀도, 예술적인 조명, 질감 표현에서 미드저니는 여전히 압도적인 '1황'의 자리를 지키고 있다.

URL : https://www.midjourney.com/

[실전 비교] 같은 프롬프트, 다른 요리: 3대장 '때깔' 차이

먼저 같은 프롬프트를 넣었을때 Midjourney, Chat GPT, Image FX (Gemini기반) 의 때깔 차이를 확인해보자.

Midjourney   Chat GPT   Image FX(Gemini기반)

내가 생각하는 이미지컷으로서의 완성도는 Midjourney > Gemini(Image FX) > ChatGPT 순이다. 미드저니는 분위기와 조명, 그리고 자연스러운 블러(Blur) 처리 등 다각화된 시각 요소를 고려해 '이미지 특화'의 정수를 보여준다. 반면 Image FX와 ChatGPT는 텍스트 프롬프트에서 이미지를 뽑아낼 때 어딘가 인조적인 느낌, 즉 특유의 '플라스틱 맛'이 느껴질 때가 많다. 이는 미드저니가 찰나의 '무드(Mood)'를 설계하며 예술적 감흥을 주는 데 집중한다면, 제미나이는 프롬프트에 담긴 '정보(Information)'를 성실히 재현하는 데 치중하기 때문이다.

그래서 나는 기획과 캐릭터 설계라는 'Thinking(머리)' 단계에서는 Gemini나 ChatGPT를 활용하되, 실제 이미지 제작인 'Action(손발)'의 최초 시작

은 미드저니에서 뽑아내는 방식을 선호한다.

가장 효율적인 마케터의 워크플로우는 다음과 같다.

> 1. Midjourney: 압도적인 퀄리티의 '원본 이미지'를 추출한다.
>
>
>
> 2. Gemini & Whisk: 추출된 고퀄리티 이미지를 베이스로 가져와, 캐릭터의 일관성을 유지하며 의상을 바꾸거나 세부 상황을 조정한다.

이처럼 '감각적인 원본'과 '논리적인 수정'을 분리하는 것이 디지털 월세가 아깝지 않은 제작 비결이다. 특히 많은 이들이 어려워하는 '캐릭터 일관화 (Character Consistency)'에 대한 실전 노하우는 바로 다음 꼭지에서 상세히 다루어 보겠다.

(1) Discord vs 웹사이트: 왜 이렇게 불편하게 만들었을까?

처음 미드저니를 접하면 당황하기 일쑤다. 깔끔한 웹사이트가 아니라, 게이머들이 주로 쓰는 채팅 프로그램인 '디스코드(Discord)'로 인입되어야 했기 때문이다. 현재 미드저니에 접속하는 방식은 크게 두 가지로 나뉜다. 처음에는 디스코드에서만 사용이 가능했지만, 지금은 웹사이트가 보기 좋게 후구축되어 동일한 기능을 제공한다.

흥미로운 점은 어떤 계정으로 로그인하느냐에 따라 도달하는 목적지가 달라진다는 것이다.

- 구글 계정으로 로그인: 미드저니 웹사이트(Web)로 연결된다. 훨씬 직관적이고 갤러리 정리가 편하다.

- 디스코드 계정으로 로그인: 채팅창 기반의 디스코드(Discord)로 연결된다.

두 곳 모두 기능은 동일하지만, 나는 이 책에서 미드저니의 근본이자 모태가 되었던 '디스코드'를 기반으로 설명하고자 한다. 프롬프트 명령어의 손맛을 제대로 느끼기에는 여전히 디스코드가 최적이기 때문이다.

- Discord: 채팅창에 명령어를 입력하는 방식이다. 남들이 만든 이미지가 실시간으로 올라와 정신없지만, 고수들의 프롬프트를 훔쳐보며 공부하기엔 최적의 환경이다.

- Web (Alpha/Beta): 최근 업데이트를 통해 웹사이트에서도 직관적인 생성이 가능해졌다. 갤러리 정리가 편하다는 장점이 있지만, 나는 여전히 빠른 명령어 입력이 가능한 디스코드를 병행해서 쓴다.

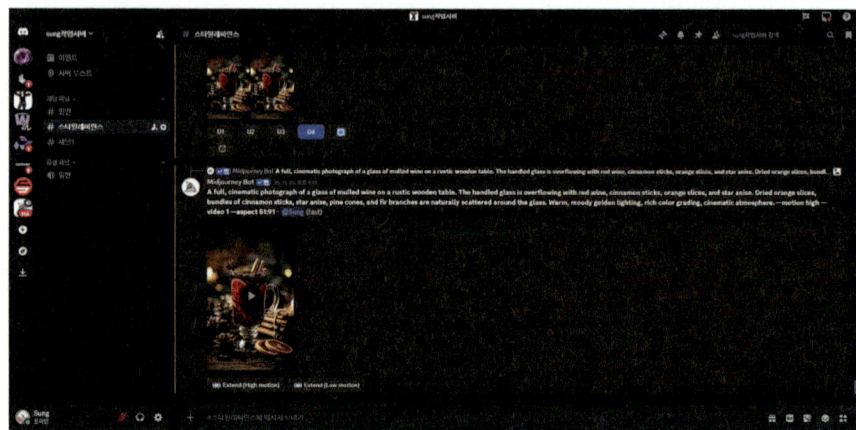

Discord 내 Midjouney 기본 화면

자, 이제 로그인을 마쳤다면 미드저니의 가장 강력한 치트키이자, 남의 감각을 내 것으로 만드는 '역설계' 기술부터 배워보자.

(2) 'Describe' 기능: 감각의 비밀을 푸는 역설계의 기술

내가 가장 애용하는 기능이다. 채팅창에 /describe 명령어를 치고 image를 클릭한 후 레퍼런스 사진을 업로드하면, AI가 그 이미지를 분석해 4개의 프롬프트로 역설계해준다.

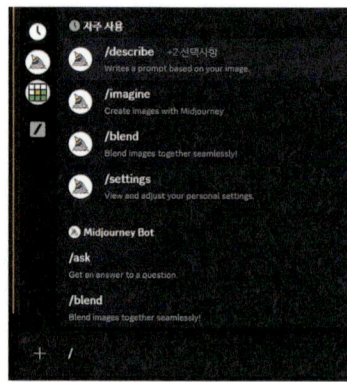
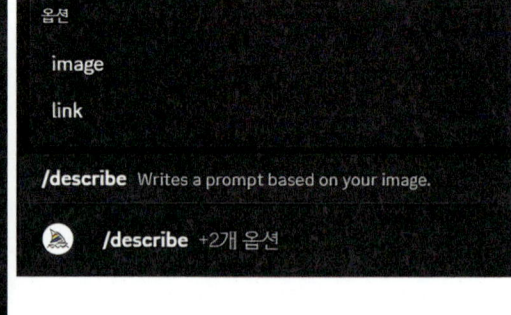

image The image to describe

image: Gemini_Generated_I...

/describe image Gemini_Generated_Image_lonqj4lonqj4lonq.png +1 더 보기

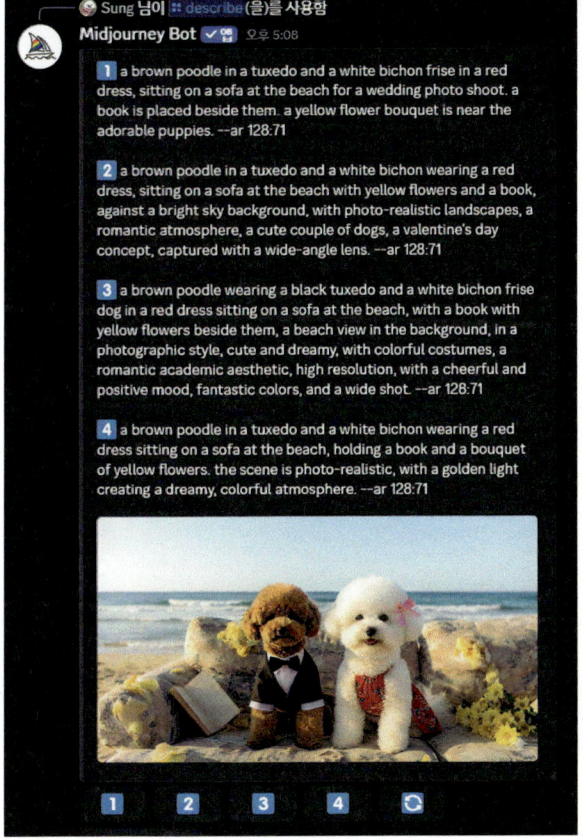

Sung 님이 ⠿ describe(을)를 사용함

Midjourney Bot ✔⚏ 오후 5:06

1 a brown poodle in a tuxedo and a white bichon frise in a red dress, sitting on a sofa at the beach for a wedding photo shoot. a book is placed beside them. a yellow flower bouquet is near the adorable puppies. --ar 128:71

2 a brown poodle in a tuxedo and a white bichon wearing a red dress, sitting on a sofa at the beach with yellow flowers and a book, against a bright sky background, with photo-realistic landscapes, a romantic atmosphere, a cute couple of dogs, a valentine's day concept, captured with a wide-angle lens. --ar 128:71

3 a brown poodle wearing a black tuxedo and a white bichon frise dog in a red dress sitting on a sofa at the beach, with a book with yellow flowers beside them, a beach view in the background, in a photographic style, cute and dreamy, with colorful costumes, a romantic academic aesthetic, high resolution, with a cheerful and positive mood, fantastic colors, and a wide shot. --ar 128:71

4 a brown poodle in a tuxedo and a white bichon wearing a red dress sitting on a sofa at the beach, holding a book and a bouquet of yellow flowers. the scene is photo-realistic, with a golden light creating a dreamy, colorful atmosphere. --ar 128:71

누군가는 이를 두고 '프롬프트 도둑질'이 아니냐고 묻기도 하지만, 이 기술의 본질은 단순한 복제가 아닌 '감각의 데이터화'에 있다. 타인의 결과물을 그대로 베끼는 것이 아니라, 그 안에 숨겨진 분위기와 조명, 구도의 수치를 분석해 나만의 창작을 위한 레시피로 디코딩(Decoding)하는 '공부'의 과정이기 때문이다.

법적으로도 프롬프트 문구 자체는 저작권 보호 대상으로 인정받지 못하는 경우가 많아 사용 자체에 큰 리스크는 없으나, 우리가 진짜 경계해야 할 지점은 원본과 실질적으로 유사한 결과물을 만들어 원작자의 권리를 침해하는 일이다. 따라서 나는 AI가 제안하는 4개의 안을 그대로 쓰기보다, 이를 섞고 수정해 나만의 색깔을 입히는 '디렉팅의 묘미'를 발휘해보길 권한다.

무(無)에서 유(有)를 창조해야 한다는 강박에서 벗어나, 고수의 감각을 데이터로 읽어내어 나만의 언어로 재해석하는 안목이야말로 AI 시대를 살아가는 생산자의 진짜 경쟁력이기 때문이다.

> **마케터의 실전 팁: 셰프별 요리 비교하기**
>
> 여기서 나온 프롬프트를 복사해서 Image FX, ChatGPT(DALL-E 3), Midjourney 세 곳에 동시에 넣어보라. 같은 주문서(프롬프트)로 셰프(AI)마다 요리가 어떻게 달라지는지 비교하는 것은 당신의 프롬프트 감각을 키우는 가장 빠른 지름길이자 실무의 즐거움이 될 것이다.

(3) 미드저니 실전: 생성부터 파라미터 완전 정복까지

이제 본격적으로 이미지를 만들어보자. 디스코드 채팅창에 /imagine 명령어를 입력하면 프롬프트를 넣을 수 있는 창이 뜬다. 여기에 내가 원하는 묘사를 적고, 그 뒤에 미드저니라는 '손발'을 정교하게 조종할 핸들인 파라미터(--)를 붙여주면 끝이다.

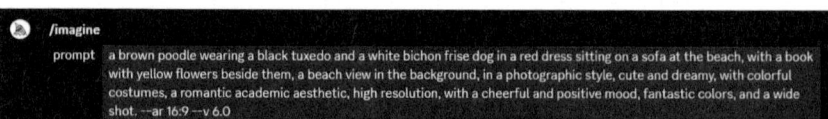

이것만 알면 중수: 필수 파라미터 리스트

프롬프트 뒤에 붙는 -- 꼬리표를 두려워하지 마라. 이것이 결과물의 완성도를 결정짓는다. --v 4.0부터 6.0까지 다양한 모델이 존재하지만, 무조건 최신 버전이 정답은 아니다. 내가 기획한 콘텐츠의 질감이 '감성적인 수채화'라면 구버전이 더 적합할 수 있기 때문이다. 각 버전의 느낌을 파악해 적재적소에 활용하는 안목이 진짜 중수의 실력이다.

① --v (Version): 모델의 버전이다. 미드저니는 버전마다 고유의 질감을 가지고 있다.

--v 5.0: 조금 더 이미지가 부드럽게 뭉개져 있으며, 수채화 느낌의 'AI스러운' 몽환적인 맛을 낼 때 유리하다.

--v 6.0: 이전 버전보다 훨씬 사실적이며, 이미지 내의 텍스트 묘사가 정확해졌다.

--v 7.0: 현재 등장한 모델 중 극사실주의(Photorealism)의 정점을 찍고 있다.

[PRO TIP] 매번 입력하기 귀찮다면? : 채팅창에 /settings를 입력해 보라. 여기서 기본 모델 버전을 아예 고정해둘 수 있어 매번 파라미터를 입력하는 수고를 덜어준다.

동일한 프롬프트로 --v 5.0 사용

동일한 프롬프트로 --v 6.0 사용

동일한 프롬프트로 --v 7.0 사용

② --ar (Aspect Ratio): 이미지의 비율이다. 인스타 피드용은 3:4 혹은 4:5, 유튜브 썸네일은 16:9로 지정하는 등 콘텐츠가 올라갈 매체에 맞춰 설정한다.

③ --seed (Seed Number): 고유 번호 고정이다. 이론적으로는 같은 시드 번호를 넣으면 똑같은 이미지가 나와야 한다. 하지만 솔직히 미드저니의 시드 고정은 완벽하지 않다. 같은 시드를 넣어도 옷의 디테일이나 얼굴 표정이 미묘하게 바뀔 수 있기 때문이다. 만약 완벽한 캐릭터 일관성 유지가 목적이라면, 미드저니에 집착하기보다 뒤에서 설명할 'Whisk'나 'Gemini'를 활용해 캐릭터를 고정하는 것이 훨씬 영리한 선택이다.

[실전 팁: 숨겨진 시드(Seed) 번호 찾는 법]
생성된 이미지의 시드 값을 확인하고 싶다면 다음 과정을 따라 해보라.
STEP 1 채팅창에 나온 최종 이미지 위에 마우스 우클릭을 한다.
STEP 2 [앱(Apps) > DM Results]를 클릭한다.

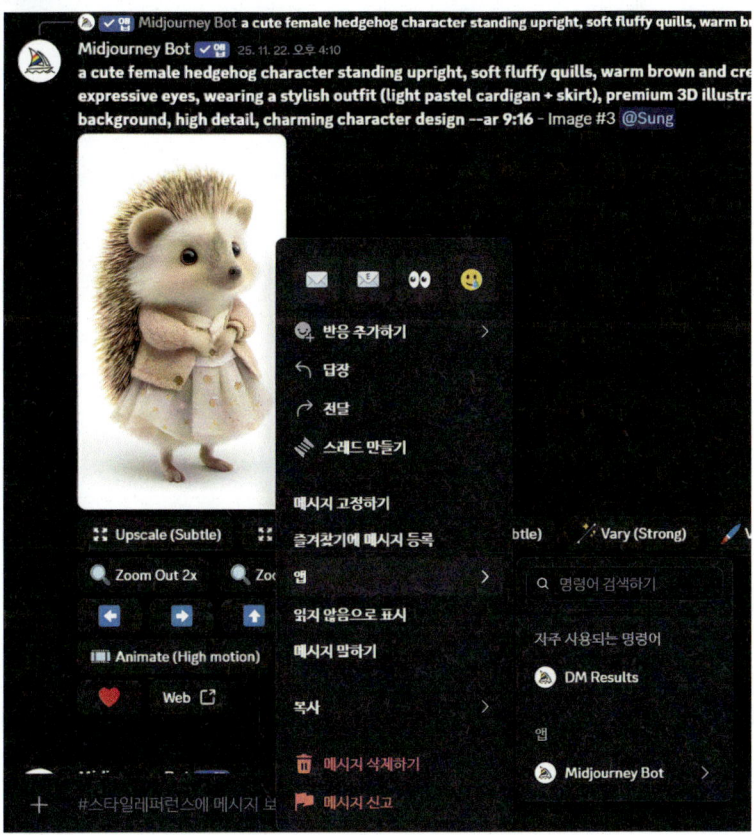

STEP 3　미드저니 봇(Midjourney Bot)이 보낸 다이렉트 메시지를 확인하면, 해당 이미지의 고유한 Seed 값이 적혀 있는 것을 볼 수 있다.

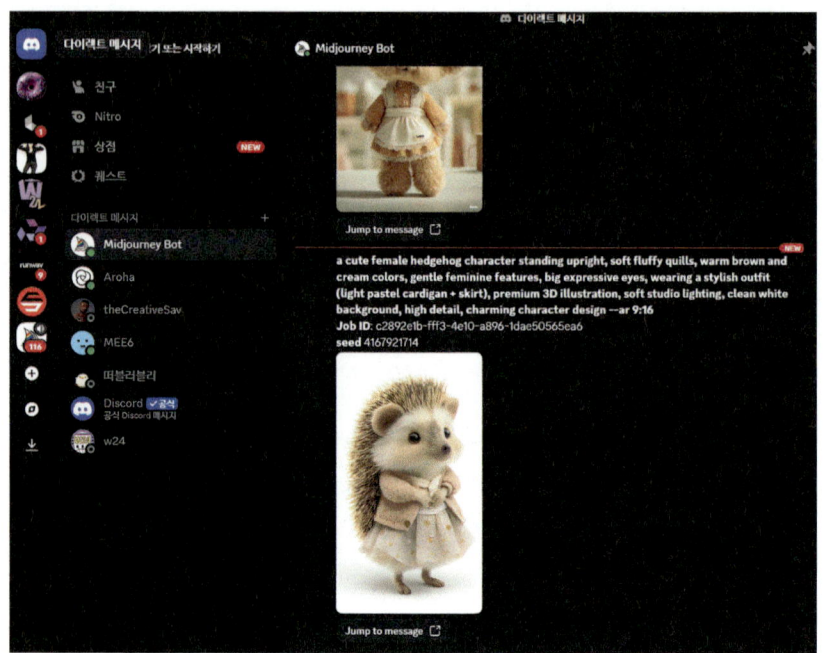

생성 후의 디렉팅: U와 V 버튼의 비밀

프롬프트를 입력하면 4장의 시안이 동시에 나온다. 그 아래에는 총 8개의 버튼이 뜨는데, 이 의미만 알아도 시행착오를 절반으로 줄일 수 있다.

- U (Upscale): 1~4번 이미지 중 하나를 선택해 고해상도로 키우겠다는 의미다. 마음에 드는 시안을 '최종 후보'로 낙점할 때 누른다.

- V (Variation): 해당 이미지를 기반으로 '조금만 다르게' 다시 그려달라는 요청이다. 구도는 마음에 들지만 세부 묘사가 아쉬울 때 바리에이션을 치기 위해 사용한다.

이렇게 뽑아낸 시안 중 마음에 들지 않는 부분이 있다면 오른쪽 끝에 있는 'Vary(Region)' 버튼을 눌러 특정 영역만 수정(In-painting)한 뒤, 최종 결과물을 다운로드하면 된다. 그러나 아직 포토샵처럼 정교하진 않다.

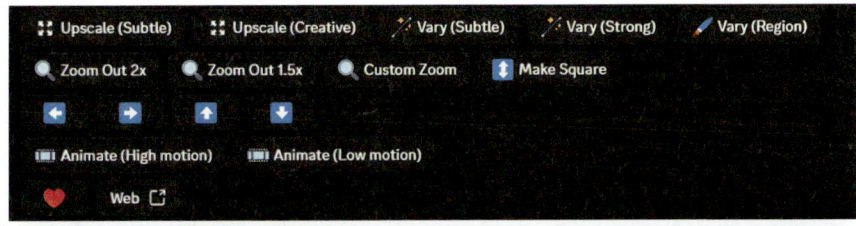

영역 드래그 후 change to pink color dress입력

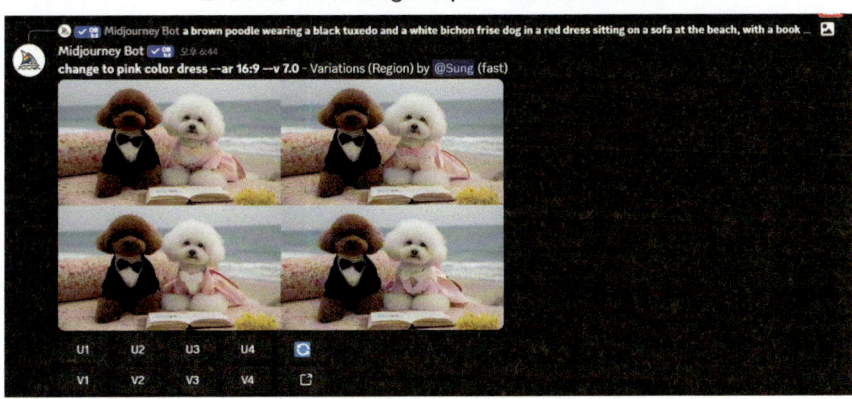

핑크색 원피스로 변경된 최종본 확인

(4) 영상화: 정적인 이미지에 숨결을 불어넣는 법

미드저니에서 생성한 이미지를 꾹 누르면 나타나는 비디오 아이콘이나 Animate (high motion), (low motion) 버튼을 활용해 보자. 클릭 한 번으로 2~4초 정도의 짤막한 애니메이션이 만들어지는데, 바람에 머리칼이 날리거나 눈을 깜빡이는 정도의 미세한 움직임만으로도 콘텐츠의 생동감이 확연히 달라진다. 비록 이 기능 내에서 별도의 프롬프트 추가 입력은 불가능하지만, 인스타그램 스토리나 숏폼 콘텐츠의 감도 높은 소스로 활용하기에는 더할 나위 없이 훌륭하다.

AI 툴은 정말 날로 발전하고 있다. 최근 미드저니 웹사이트 버전에는 두 개의 이미지를 넣어 자연스러운 변화(Morphing)를 만드는 비디오 기능까지 추가되었다. 이처럼 AI는 우리의 손발(Action)이 되어 상상을 현실로 바꾸는 속도를 혁신하고 있다. 하지만 결코 잊지 말아야 할 사실이 있다. 이 화려하고 강력한 도구들을 부리는 '머리'는 여전히 당신의 기획력(Thinking)이어야 한다는 점이다. 도구가 날카로워질수록 그 도구를 휘두르는 사람의 의도와 설계가 결과물의 진짜 가치를 결정짓기 때문이다.

- Gemini, Whisk, Image FX: 구글 AI 3종, 수정의 대가와 일관성의 반란

미드저니가 압도적인 화풍으로 좌중을 압도하는 '천재 예술가'라면, 구글은 철저히 사용자의 의도를 분석하고 조율하는 '엘리트 공학자' 집단에 가깝다. 구글 랩스(Google Labs)라는 생태계 안에는 성격이 조금씩 다른 세 가지 이미지 툴(Gemini, Image FX, Whisk)이 공존한다.

이들은 공통적으로 구글의 최신 이미지 모델인 Imagen 4를 탑재하고 있다. 하지만 이것이 전부가 아니다. 구글 툴의 진짜 무서움은 내부에 '두 개의 심장'이 뛴다는 데 있다.

1. [핵심 개념] 화가의 손과 기획자의 뇌: Imagen 4와 나노 바나나의 협업

우리가 구글의 이미지 툴에 명령을 내릴 때, 내부에서는 두 명의 전문가가 동시에 움직이는 하이브리드 엔진 시스템이 작동한다.

- 나노 바나나(The Brain): 기획하고 설계하는 뇌 '나노 바나나(Nano Banana)'는 구글 내부에서 부르는 애칭으로, 실제로는 맥락과 논리를 이해하는 Gemini Image 모델을 뜻한다.

이 똑똑한 뇌는 사용자의 프롬프트를 단순한 단어 나열이 아닌 '의도'로 파악한다. 레퍼런스로 준 사진 기반으로 "고등어를 가자미로 바꿔줘"라고 하면, 기존 이미지에서 고등어의 위치를 식별하고, 가자미의 특징을 파악한 뒤, 자연스러운 교체 수술을 설계한다.

- Imagen 4(The Hand): 실제로 그려내는 손 나노 바나나의 설계도를 전달받은 Imagen 4는 압도적인 기술력으로 실제 픽셀을 찍어낸다. 가자미의 미끌거리는 비늘 질감, 주변 조명과의 반사광 등 극사실적인 디테일을 구현해 최종 결과물의 '때깔'을 완성한다.

일반적인 AI는 명령을 내릴 때마다 이전 기억을 잊고 새 그림을 그리려 한다. 하지만 구글은 나노 바나나라는 강력한 뇌가 이전 이미지의 맥락을 '데이터'로 기억하고 있기 때문에, "아까 그 캐릭터 그대로(Consistency)" 유지하거나 "특정 부위만 정교하게(In-painting)" 수정하는 작업에서 타의 추종을 불허하는 것이다.

2. 실전 툴 3종: '한 뿌리'에서 나온 세 가지 인터페이스

사용자는 자신의 업무 목적에 따라 위 하이브리드 엔진을 탑재한 세 가지 이미지 도구 중 하나를 선택해 활용할 수 있다.

URL : https://labs.google/fx/ko

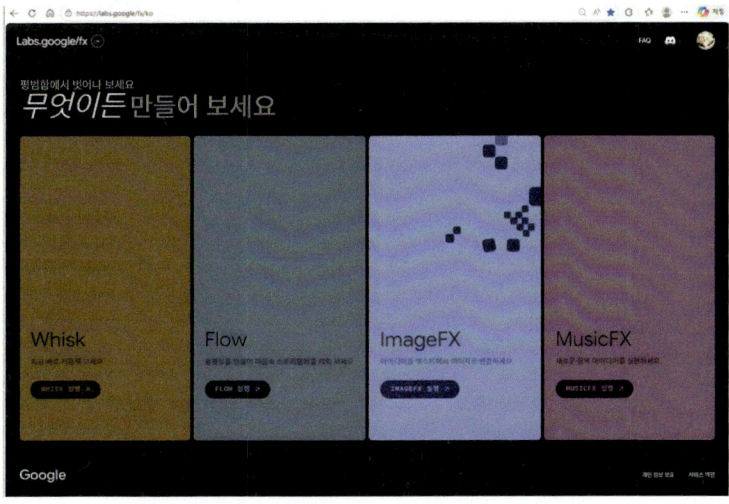

(이미지) Whisk, Image FX (영상) Flow 이동 경로

URL : https://gemini.google.com/

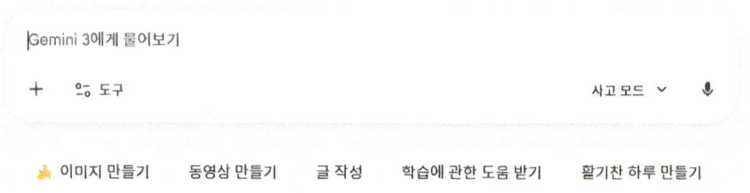

Gemini 이동 경로

(1) Gemini: 말귀 밝은 수석 기획 비서

우리가 흔히 아는 채팅창 방식이다. 가장 큰 장점은 '대화의 맥락'이다. "조금 더 밝게", "오른쪽에 있는 리본은 분홍색으로 바꿔줘" 같은 복잡한 피드백을 가장 직관적으로 알아듣고 실행한다. 기획 단계(Thinking)에서의 파트너가 제작(Action) 단계까지 넘어와 내 의도를 끝까지 관철해주는 가장 든든한 조력자다.

백문이 불여일견이다. 실제 내가 운영 중인 채널의 마스코트인 '삐숑' 캐릭터를 제미나이로 직접 만드는 과정을 통해 그 실전 노하우를 가감 없이 보여주겠다.

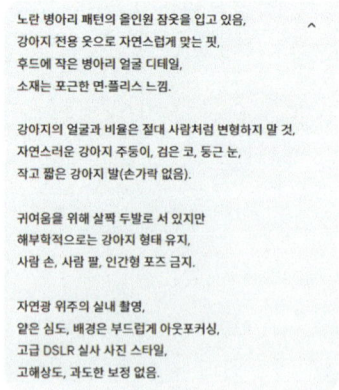

프롬프트

결과물

비송 귀는 모자 밖으로 나오게 바꿔줘

프롬프트 (수정1)   결과물 (수정1)

그리고 16:9비율로 만들어줘

프롬프트 (수정2)   결과물 (수정2)

(2) Image FX: 실험 정신 가득한 아이디어 뱅크

이미지 생성에 최적화된 인터페이스를 제공하는 Image FX는 마케터의 변덕(?)을 가장 성실하게 받아주는 최고의 놀이터다. 이 툴의 정수는 프롬프트 입력란 하단에 나타나는 '칩(Chip)' 시스템에 있다.

- 클릭 한 번으로 설계되는 무한 변주: 프롬프트를 입력하고 이미지를 생성한 뒤 '더 생성하기'를 누르면, 내가 쓴 핵심 단어들이 칩 형태로 쪼개져 나타난다. 이 칩을 클릭해 드롭다운 메뉴에서 단어를 바꾸면 프롬프트 전체를 수정할 필요 없이 실시간으로 이미지가 변주된다.

- 실전 레시피의 교체: 예를 들어 '수채화(watercolor)' 칩을 눌러 '디지털 일러스트(digital illustration)'로 바꾸거나, 'dslr'을 '시네마 카메라(cinema camera)'로 단숨에 갈아 끼울 수 있다. 기획자가 "만약 이런 화풍이라면? 이런 카메라 렌즈라면?" 하고 던지는 질문에 가장 빠르게 답을 내놓는 도구인 셈이다.

- 하이브리드 엔진의 조화: 이런 민첩한 변주가 가능한 이유는 나노 바나나 (The Brain)가 프롬프트 내 각 단어의 위치와 맥락을 논리적으로 파악하고 있기 때문이다. 변경된 칩의 데이터는 즉시 Imagen 4(The Hand)에게 전달되어, 조명과 질감을 재계산한 고화질의 결과물로 탄생한다.

※ 주의점: '플라스틱 맛'을 경계하라 다만, 구글의 공학적 완벽함이 때로는 독이 되기도 한다. 결과물이 너무 매끈하고 정교한 나머지 어딘가 인조적인 느낌, 즉 특유의 '플라스틱 맛'이 느껴지는 스톡 사진 같은 결과물이 나올 때가 많다. 감성적인 조명이나 예술적인 아우라가 필요한 아트워크에서는 여전히 미드저니에게 밀리는 모습이다. 하지만 빠른 시안 확인과 논리적인 수정, 그리고 화질 위주의 실무 작업에서는 타의 추종을 불허하는 압도적인 퍼포먼스를 보여준다.

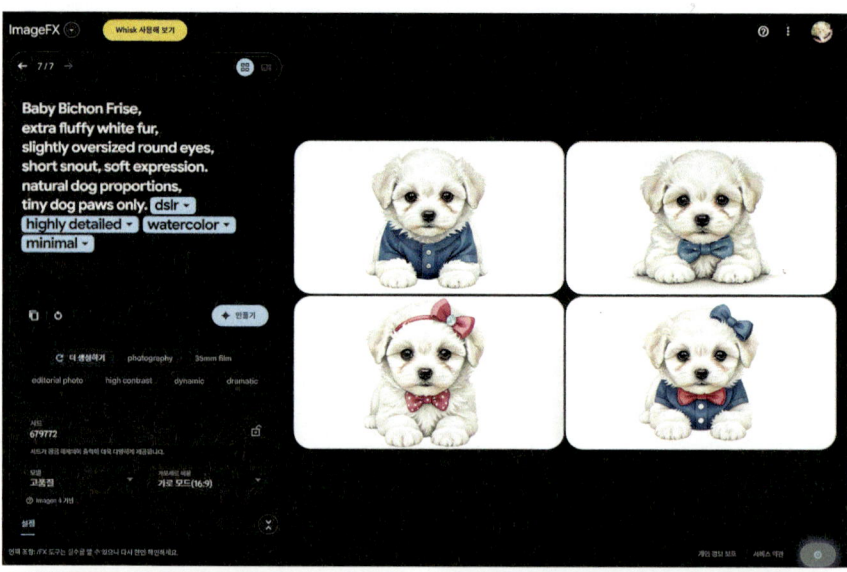

칩 (Chip) 드랍다운 예시

(3) Whisk: 캐릭터의 영혼을 지켜주는 일관성의 원탑 툴(Tool)

마케터로서 미드저니를 쓰며 가장 배신감을 느낄 때는 단연 '일관성'이 깨질 때다. 앞 페이지에선 긴 머리였던 주인공이 다음 장에서 갑자기 단발이 되어 버리면, 공들여 짠 스토리텔링은 순식간에 몰입감을 잃고 만다. 이때 구글의 나노 바나나(Nano Banana, Gemini Image) 엔진을 극대화한 Whisk는 우리에게 전혀 다른 세계를 보여준다.

- 왜 Whisk인가: "아까 그 사람"을 데려오는 능력

미드저니가 매번 "주인공과 비슷하게 생긴 다른 배우"를 캐스팅해 온다면, Whisk는 "아까 그 배우"를 정확히 다시 데려와 옷만 갈아입히고 장소만 바꾼다. 이는 나노 바나나라는 똑똑한 '뇌'가 피사체의 정체성(Identity)을 데이터로 기억하고 유지하는 능력이 탁월하기 때문이다. 웹툰, 연재형 카드 뉴스, 혹은 브랜드의 마스코트 캐릭터를 활용한 캠페인을 기획한다면 Whisk는 선택이 아닌 필수다.

- 마케터의 실전 워크플로우: '기획-일관성-제작'의 3각 편대

아까 제미나이에서 탄생시킨 '병아리 옷을 입은 삐숑이'를 가지고, 와이키키 해변에서 서핑보드를 들고 있는 장면을 만드는 구체적인 과정을 공개한다.

whisk prompt 좀 써줘,
피사체에 있는 병아리옷 입은 비숑이
장면에 있는 와이키키 바닷가에서
서핑보드 한손에 들고있는거

좋아, **Whisk용으로 바로 복붙해서 쓰는 프롬프트** 줄게.
(피사체·장면 이미지는 이미 넣어둔 상태 기준 / 손 문제 최소화 버전)

🟡 Whisk Prompt

SCSS   ⎘ 코드 복사

피사체 이미지 속 비숑 강아지를 그대로 사용한다.
얼굴, 털 색, 체형, 병아리 패턴 옷은 변경하지 않는다.

비숑은 노란 병아리 올인원 옷을 입은 상태로,
와이키키 해변 장면에 자연스럽게 합성된다.
밝은 낮 시간, 푸른 바다와 야자수가 보이는 와이키키 바닷가.

비숑은 귀엽게 두 발로 서 있으며,
강아지 발로 작은 서핑보드를 옆에 끼고 있거나
몸에 기대듯이 들고 있는 포즈.
사람 손처럼 보이지 않게,
강아지 발(paw) 형태 유지.

전체 분위기는 밝고 귀엽고 여행 느낌,
실사 DSLR 사진 스타일,
자연광, 얕은 심도,
과도한 합성 느낌 없이 자연스럽게.

❶ '주문서' 작성하기: 왜 제미나이가 아닌 ChatGPT인가?

이제 기획(Thinking)의 대가인 ChatGPT에게 도움을 청할 차례다. 나는 ChatGPT에게 다음과 같이 구체적으로 오더를 내린다. "피사체에 있는 병아리 옷 입은 삐숑이가 와이키키 바닷가에서 서핑보드를 한 손에 들고 있는 장면을 위한 Whisk 전용 프롬프트를 써줘."

여기서 재미있는 지점은, 왜 이미지를 그려주는 제미나이에게 이 프롬프트를 물어보지 않느냐는 것이다. 앞서 언급했듯 제미나이는 너무 똑똑한 나머지(?) 같은 요청을 하면 프롬프트를 텍스트로 주는 대신, "내가 다 알아서 할 수 있어!"라는 듯 곧장 이미지를 만들어버리기 때문이다. 기획 단계의 '주문서(텍스트)'가 필요한 우리에게는 때로 그 과한 친절이 방해가 되기도 한다.

하지만 우리가 진짜 필요한 것은 Whisk라는 공학적인 툴에 입력할 정교한 '텍스트 설계도'다. 이때 ChatGPT는 단순한 도구를 넘어, 나의 작업 스타일을 완벽히 이해하는 수석 비서로 활약한다.

- 학습 기반의 디테일한 설계: ChatGPT는 내가 과거에 자주 넣었던 유의사항을 이미 학습한 상태다. 따라서 "와이키키 해변의 삐숑"이라는 간단한 오더만 내려도, 내가 따로 지시하지 않아도 "강아지 발(paw) 형태 유지", "사람 손처럼 보이지 않게 할 것" 등 AI가 흔히 저지르는 실수를 방지하는 가이드를 알아서 주문서에 녹여낸다.

- 분위기 제어: "실사 DSLR 사진 스타일", "과도한 합성 느낌 없는 자연광" 같은 세밀한 수식어를 덧붙여 Whisk라는 손발이 길을 잃지 않게 돕는다.

결국 제미나이로 만든 '삐숑이'라는 피사체(Subject)와 ChatGPT가 정교하게 짜준 주문서(Prompt)가 만났을 때, 비로소 우리가 원하는 완벽한 장면이 탄생할 준비를 마치게 된다.

❷ 영혼을 가두는 제작 (Whisk)

이제 Whisk를 열고 제미나이로 만든 삐숑이 이미지를 [피사체(Subject)]란에, 와이키키 해변 이미지를 [장면(Scene)]란에 넣는다. 그다음 ChatGPT가 설계해준 프롬프트를 입력하면, 내가 만든 '그 삐숑이'가 '와이키키' 해변에서 서핑보드를 옆에 끼고 서 있는 기적 같은 결과물이 탄생한다.

마케터의 리얼 팁: "여러 번 눌러야 진짜가 나온다"

실무 화면을 보면 알겠지만, 나 역시 단번에 성공하지 않는다. 서핑보드를 든 발이 어색하거나 배경 조명이 마음에 안 들면 수십 번 '생성' 버튼을 누르며 조율한다. "기획자가 집요하게 물고 늘어질 때, 비로소 AI는 당신의 완벽한 손발(Action)이 된다"는 사실을 잊지 말자.

4장. 오디오(Audio): 귀를 사로잡는 디테일의 힘

시각적인 결과물이 '몸'이라면, 오디오는 그 몸에 숨을 불어넣는 '영혼'이다. 나는 영상을 만들 때 음성 효과를 제작 단계(Action)의 핵심으로 꼽는다. 특정 캐릭터의 목소리가 일관되게 반복될 때 비로소 강력한 브랜딩이 형성되기 때문이다. 우리가 어떤 캐릭터를 좋아하게 되는 계기는 의외로 반복해서 듣는 목소리의 '톤'일 때가 많다.

· ElevenLabs(일레븐랩스): 성우 고용 비용 '0원'의 기적

URL : https://elevenlabs.io/

나 또한 무대 위에서 사회를 보거나 강연을 하기 위해 전문 보이스 트레이닝을 받았을 정도로 목소리의 힘을 믿는 사람이다. 그래서 현재 운영 중인 '삐숑이' 동물 AI 캐릭터에게도 그에 걸맞은 '귀염뽀짝한' 목소리를 덧입히고 싶었다. 하지만 시중에 나온 기성 목소리 중에는 마음에 쏙 드는 것이 없었다. 결국 나는 직접 30분 분량의 원고를 녹음해 ElevenLabs에게 학습시켰고, 세상에 단 하나뿐인 '삐숑 목소리'를 탄생시켰다.

실전! 나만의 목소리 복제하기 (Professional Voice Clone)

단순히 목소리를 흉내 내는 수준을 넘어, 완벽한 브랜딩을 위한 '고유 모델'을 만들고 싶다면 다음 경로를 따라가 보라.

1. 메뉴 진입: 왼쪽 바에서 [Voices]를 선택한 후, 상단 바 맨 오른쪽에 있는 [Create or Clone a Voice] 메뉴를 클릭한다.

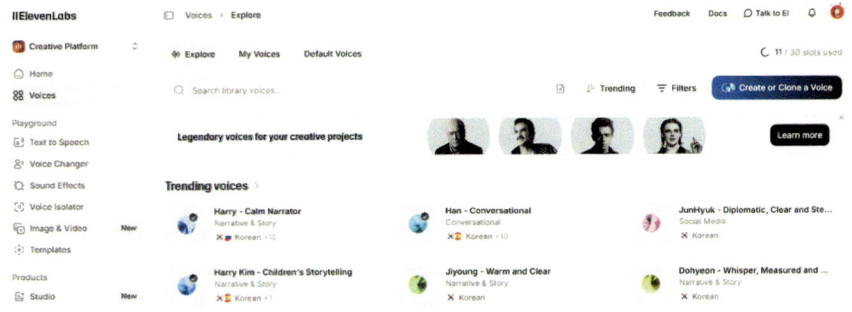

2. 모델 선택: 세 번째 항목인 [Professional Voice Clone]을 선택한다. 이것이 일레븐랩스 기술의 정점이라 불리는 '고퀄리티 복제' 기능이다.

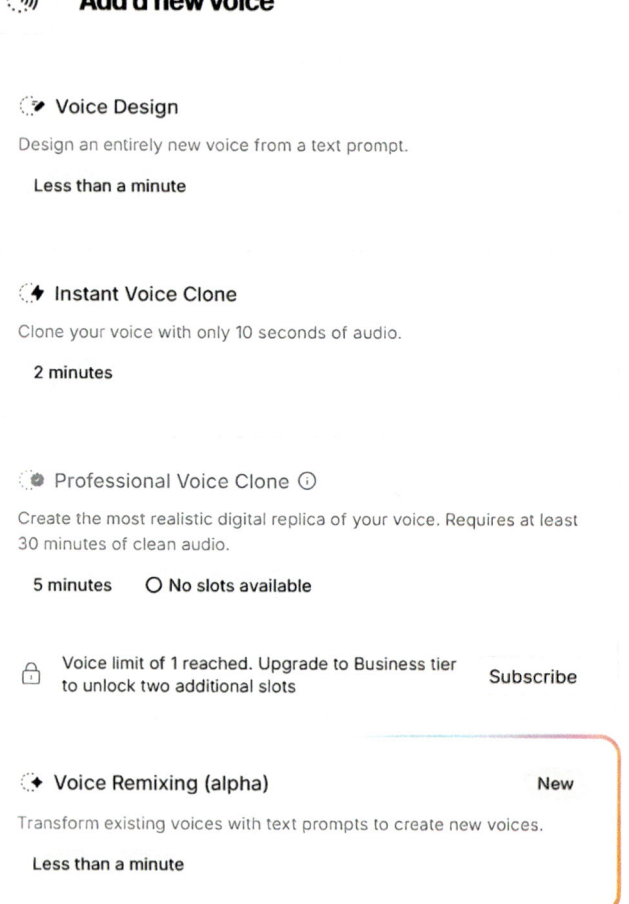

3. 학습 데이터: 최소 30분 분량의 고음질 오디오 파일을 업로드해야 한다. 나는 직접 책을 읽으며 녹음한 파일을 활용했다.
4. 구독 정보: 이 기능은 Creator 플랜(월 22달러, 약 3만 원) 이상의 유료 구독이 필요하며, 구독 당 1개의 고유 목소리 모델 생성이 가능하다.

- 마케터의 팁 : 항마력을 이겨내는 1.2배속의 마법

사실 내 목소리를 직접 듣는 것은 꽤나 고통스러운(?) 일이었다. 게다가 학습된 목소리가 기대만큼 귀엽지 않아 당황할 수도 있다. 하지만 여기서 포기하지 마라. 편집 단계에서 속도를 1.2배속으로 올리면 목소리 톤이 살짝 높아지면서 훨씬 어린아이 같고 사랑스러운 느낌이 살아난다. 변주를 준 만큼 우리가 원하는 '귀염뽀짝함'이 완성되는 지점이다.

- 세밀한 변주(Variation): 설정값으로 조율하는 보이스의 '결'

일레븐랩스 좌측 탭에서 [Text to Speech]를 클릭하고 대본을 넣으면, 내가 설정하거나 복제한 목소리로 음성을 즉시 도출할 수 있다. 일레븐랩스의 진가는 단순히 글자를 읽어주는 것이 아니라, 네 가지 주요 파라미터를 통해 목소리의 미세한 뉘앙스를 조절할 수 있다는 점에 있다.

주요 설정 항목

- Speed: 말하는 속도를 조절한다.
- Stability: 목소리의 안정감을 조절한다. 수치가 낮을수록 감정 기복이 생기지만 때로는 불안정하게 들릴 수 있다.
- Similarity: 원본 목소리와의 유사도를 결정한다.
- Style Exaggeration: 목소리의 스타일을 얼마나 과장할지 선택한다.

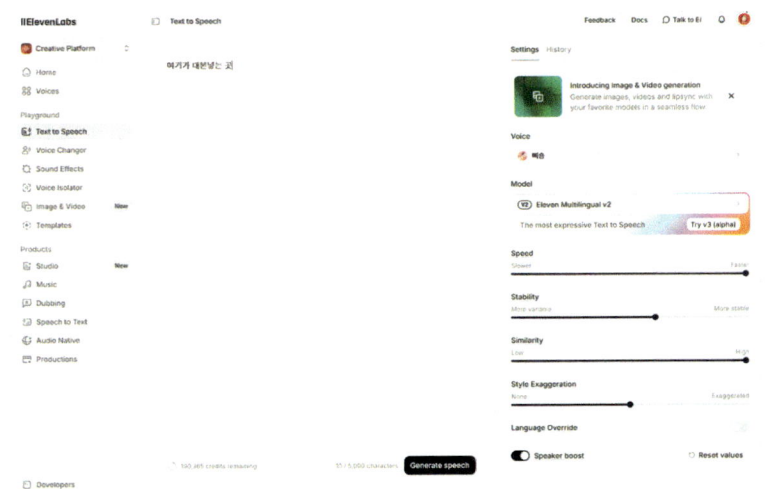

- 효과음의 보물창고: 영상의 맛을 살리는 SFX

일레븐랩스의 또 다른 강력한 무기는 바로 효과음(Sound Effects) 기능이다. 성우 목소리뿐만 아니라 영상의 디테일을 완성해 줄 찾기 어려운 소리들까지 이곳에서 한 번에 해결할 수 있다.

1. 사용법: 왼쪽 메뉴에서 [Sound Effects]를 클릭한다.

2. 무한 확장: 검색창에 내가 원하는 느낌(예: "chewing gum", "nature sound")을 입력하고 검색하면 다양한 버전의 효과음이 쏟아진다.

3. 워크플로우: 결과물을 하나씩 들어보고 가장 적합한 소리를 찾아 즉시 다운로드하면 된다. 평소 구하기 힘들었던 유니크한 효과음들도 텍스트 입력만으로 간단히 생성하거나 찾을 수 있다는 것이 큰 장점이다.

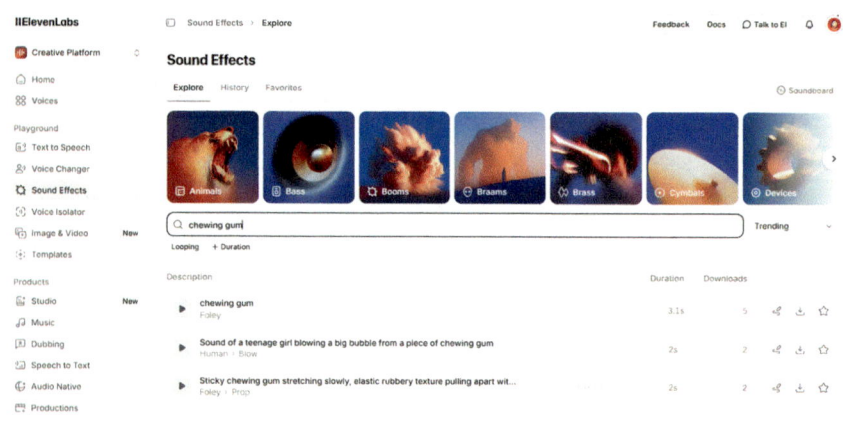

• Suno AI(수노): 작곡가 없이 배경음악(BGM) 3분 만에 뚝딱 만들기

URL : https://suno.com/

사실 나는 악기를 다루지 못한다. 코드도 전혀 모른다. 하지만 머릿속에서는 늘 나만의 멜로디가 맴돌았고, 작곡을 하고 싶다는 열망은 누구보다 컸다. 오죽하면 큐베이스를 구매하고 클래스 101에서 유명 프로듀서 그레이의 작곡 수업까지 수강했겠는가. 집에는 디지털 키보드와 드럼 패드, 마이크까지 다 갖춰두었다. 코드를 모르는 상태에서도 '장비만큼은 진심'이었던 셈이다. 아마 나와 같은 '작곡 워너비'들이 많을 것이다. 수노(Suno)는 바로 그런 우리에게 '음악적 해방'을 선사하는 도구다.

1. Simple 모드로 만들기

복잡한 작곡이 아닌, 그저 영상의 분위기를 살려줄 나만의 배경음악(BGM)이 필요할 때가 있다. 특히 내레이션이 들어가는 실무 영상이나 브랜딩 콘텐츠에서는 가사가 없는 깔끔한 연주곡이 훨씬 효과적이다. 그래서 나는 수노(Suno)의 'Simple' 모드를 적극 활용한다.

수노 인터페이스 상단에는 [Simple]과 [Custom] 두 가지 선택지가 있다. 복잡한 설정 없이 빠른 결과물을 원한다면 [Simple]을 선택하라. 원하는 음악 스타일을 'Song Description'에 쓰고 [Instrumental] 체크 표시를 활성화하면 된다. 그러면 가사가 없는 순수 연주곡(BGM)을 즉시 얻을 수 있다.

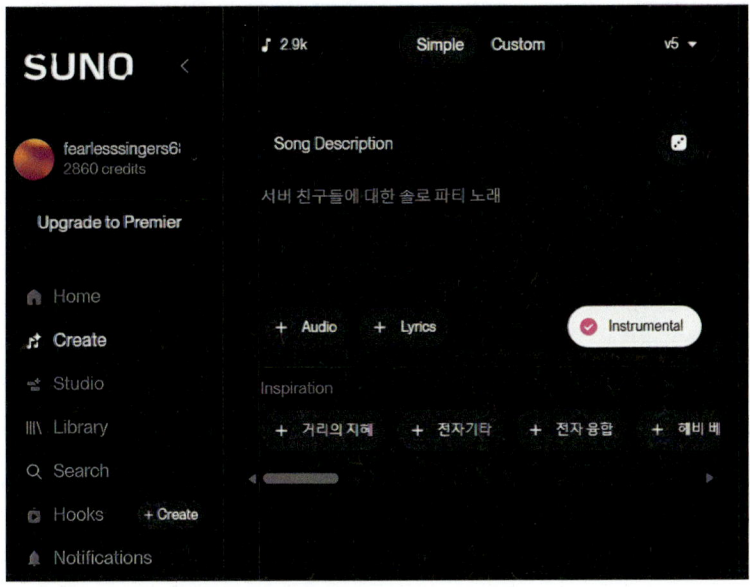

- ChatGPT를 '음악 디렉터'로 고용하라

'Song Description'에 무엇을 써야 할지 고민된다면 ChatGPT를 활용해보자. 앞서 설명한 프롬프트 작성법을 그대로 적용하면 된다. 예를 들어, "밝고 경쾌한 느낌"이라고만 쓰면 AI는 너무나 뻔한 음악을 내놓는다. 내가 원하는 특정 스타일(예: TWS의 'OVERDRIVE' 같은 청량함)을 구현하고 싶지만 음악 용어를 몰라 막막하다면 ChatGPT에게 물어보는 것이 가장 빠르다.

- 레퍼런스 수집: 유튜브에서 원하는 분위기의 음악 링크를 찾는다.
- GPT 디코딩: ChatGPT에 해당 URL을 넣고 "이 배경음악 분위기를 수노의 'Style' 프롬프트로 쓰고 싶어. 장르, 악기, 무드를 전문 용어로 분석해줘"라고 요청한다.
- 전문가급 프롬프트 추출: GPT가 분석해 준 키워드들을 수노의 [Song Description]이나 [Styles] 칸에 그대로 붙여넣는다.

레퍼런스 링크 활용, 불법이 아닐까?

유튜브 링크를 통해 프롬프트를 뽑아내는 과정을 보며 혹시 저작권 위반은 아닐지 걱정될 수 있다. 결론부터 말하자면, 이는 '표현의 복제'가 아닌 '스타일의 학습'에 해당하므로 법적 문제에서 자유롭다고 볼 수 있다.

특히 데이터가 아닌 '키워드'를 가져오는 것이기 때문에 창작의 방법론에 가깝다. 우리는 유튜브의 오디오 파일을 다운로드하여 수노(Suno)에 직접 올리는 것이 아니다. ChatGPT를 통해 해당 영상이 가진 '청량함', '빠른 비트', 'K-팝 댄스' 같은 공통적인 장르적 특징을 텍스트로 추출할 뿐이다. 이는 마치 작곡가가 영감을 얻기 위해 여러 레퍼런스 곡을 분석하고, 그 무드를 자신의 곡에 녹여내는 전통적인 창작 과정과 본질적으로 같다.

결국 중요한 것은 '무엇을 넣느냐'가 아니라 '어떻게 설명하느냐'에 있다. 타인의 결과물을 그대로 훔쳐오는 것이 아니라, 그 안에 담긴 '공식'을 디코딩하여 나만의 새로운 결과물을 만들어내는 것. 이것이 바로 AI 시대를 살아가는 마케터의 가장 영리하고도 당당한 창작 방식이다.

https://www.youtube.com/watch?v=VyKb0WWl6k8
이런 음악을 suno에서 만들고 싶으면 song desciption에 어떻게 style
을 표현해야 할까?
prompt좀 써줄래?

아래 **Suno AI**에 넣으면 *TWS(투어스) – OVERDRIVE* 같은 스타일로 음악 생성할 수 있는 **Song Description (풍부한 프롬프트)** 예시입니다. 이 곡은 밝고 경쾌한 K-팝 댄스 팝 스타일이며, 펀치감 있는 비트와 활기찬 보컬이 특징이에요. thebiaslist.com · 1

🎶 Suno용 Prompt 예시 — OVERDRIVE 스타일

1) 기본 버전 (가장 유사한 느낌)

csharp	🗇 코드 복사

Upbeat K-pop dance-pop track with energetic and bright mood, punchy drums and rhythmic bass, catch

2) 조금 더 디테일 추가한 버전

sql	🗇 코드 복사

High-energy K-pop dance song with bright and cheerful atmosphere, driving punchy drums, rhythmic b

🎤 프롬프트 세부 요소 해설

요소	예시
장르/핵심 스타일	K-pop, dance-pop, upbeat
분위기/무드	energetic, bright, cheerful
리듬/비트	punchy drums, rhythmic bass
사운드/악기	synth accents, guitar hooks, claps, pop production
보컬	layered harmonies, catchy male group vocals
특징	choreography-ready, dynamic chorus

💡 팁 (더 좋은 결과 얻는 법)

⭐ *Specific Instruments* 추가:
예: "add bright electric guitar riffs, shimmering synth leads, tight handclaps"

53

2. Custom 모드

- 흥얼거림의 기적: [+ Audio] 업로드 기능

수노의 **[+ Audio]** 업로드 기능은 한마디로 '흥얼거림의 음원화'다. 비싼 장비를 사고도 코드 한 줄 몰라 좌절했던 시간은 이제 끝났다.

• 사용법: 스마트폰에 녹음해 두었던 짧은 멜로디나 흥얼거림(Humming) 파일을 업로드한다. 나 역시 머릿속에 떠오를 때마다 기록해 둔 소중한 멜로디 조각들을 여기서 비로소 빛을 보게 할 수 있었다.

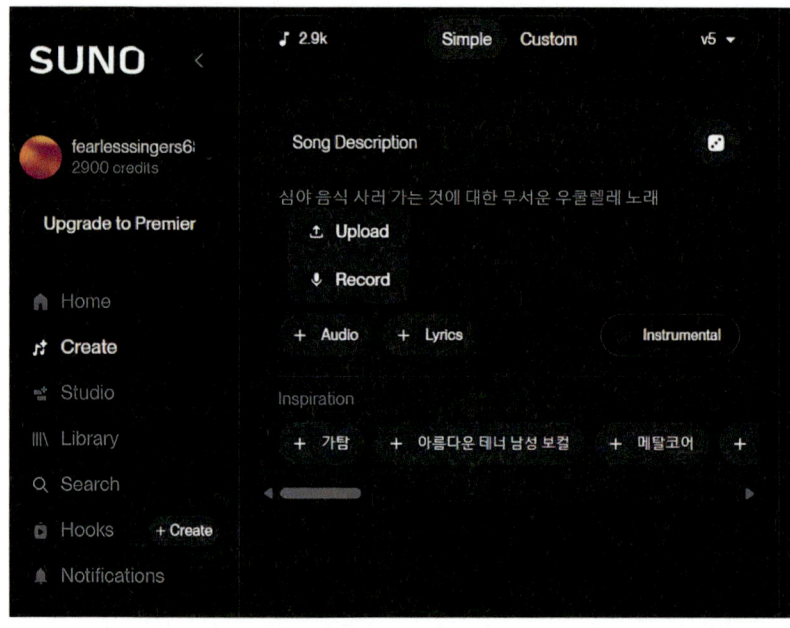

• 작동 원리: 수노가 업로드된 음의 높낮이와 리듬을 정밀하게 분석한다. 내 녹음 파일을 올리면 우측 화면에 하나의 '오디오 바'가 생성되는데, 여기서 오디오 바 위에 마우스를 올려놓으면 [get full song]과 [edit/remix] 버튼이 나온다. 이중 [edit/remix]를 누르고 [add instrument]를 선택해 보라. 내가 흥얼거렸던 투박한 음정 위로 세련된 멜로디 악기들이 겹쳐지며, 곡의 앞뒤가 자연스럽게 생성(Extend)되어 하나의 완성된 곡으로 빌드업된다.

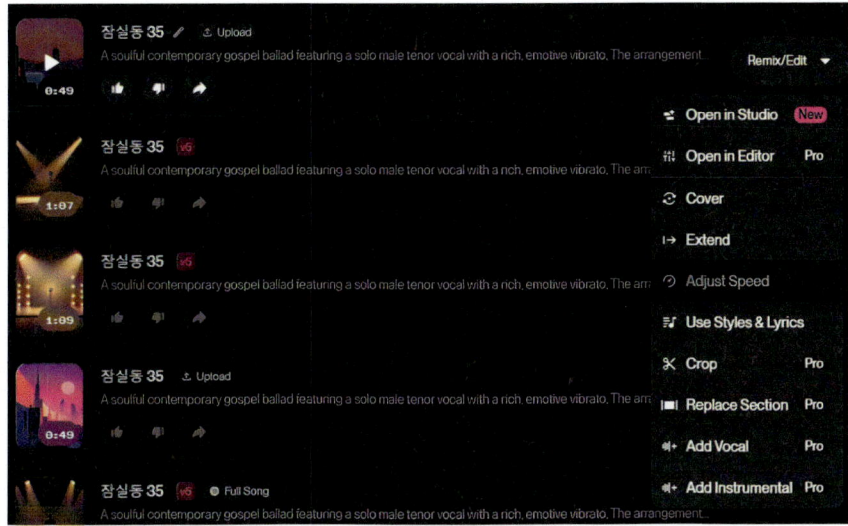

• 의의: 이제 코드를 몰라도 된다. 마이크 앞에서 내뱉은 나만의 선율이 전문 작곡가의 손길을 거친 듯한 고퀄리티 음원으로 재탄생한다. 기술이 나의 부족한 음악적 지식을 메워주고, 오직 '영감'에만 집중할 수 있게 해주는 것이다.

⚠️[주의] 저작권과 업로드 정책

강력한 업로드 기능에는 그만큼의 무게감 있는 책임이 따른다. 수노 (Suno)에서 내 목소리나 오디오 파일을 올리려 할 때, 화면에는 가장 먼저 엄격한 법적 고지 팝업이 뜬다. AI라는 강력한 도구를 다루는 마케터라면 다음 두 가지 사항을 반드시 가슴에 새겨야 한다.

- 권리 소유 확인(Ownership Verification): 업로드하는 모든 콘텐츠의 권리는 본인이 직접 소유하거나 독점적으로 제어할 수 있는 상태여야 한다. 내가 직접 입을 떼어 녹음한 '흥얼거림'은 창작 데이터로서 인정받지만, 내가 만들지 않은 타인의 저작권 음원을 무단으로 올리는 행위는 엄격히 금지된다.

- 법적 책임(Legal Liability): 만약 이 규정을 어기고 타인의 권리를 침

해하는 음원을 업로드할 경우, 수노와의 서비스 이용 계약 위반은 물론이고 저작권법에 따른 다양한 형태의 민·형사상 법적 책임을 질 수 있다.

아티스트에게 저작권은 생명과도 같다. AI가 창작의 문턱을 낮춰준 시대일수록, 타인의 창작물을 존중하고 보호하는 태도가 창작자로서의 품격을 결정한다.

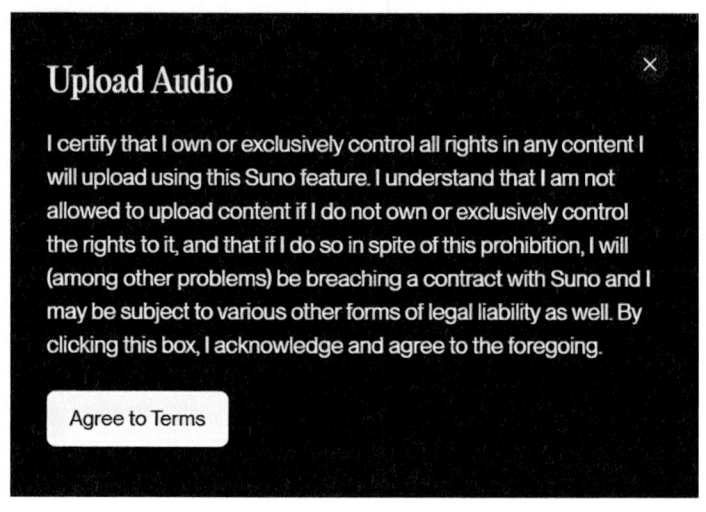

- 가수의 영혼을 고정하는 **[+ Persona]**
이미지 생성에서 캐릭터 일관성이 중요하듯, 음악 브랜딩에서도 보컬의 일관성은 생명이다.

페르소나(Persona)란?

마음에 드는 목소리와 스타일을 가진 곡이 탄생했을 때, 그 보컬의 특징을 하나의 '가수 페르소나'로 저장하는 기능이다. 한 번 저장된 페르소나를 불러와 새로운 가사를 입력하면, 아까 그 목소리가 다시 노래를 부른다. 내 고유의 캐릭터가 부르는 로고송을 매번 다른 목소리로 만들 수는 없지 않은가? 캐릭터를 가수로 데뷔시키거나 채널의 시그니처 보이스를 구축할 때 반드시 활용해야 하는 기능이다.

STEP 1 나만의 가수 저장하기

방법은 간단하다. 수노가 만들어준 음원 목록에서 마음에 드는 곡의 오디오 바 맨 오른쪽에 있는 [점 세 개(⋯)] 버튼을 누른다. 메뉴 중 [Create]를 선택하고, 이어서 [Make Persona]를 클릭하면 된다. 이제 이 목소리는 나만의 전속 가수가 되어 라이브러리에 저장된다.

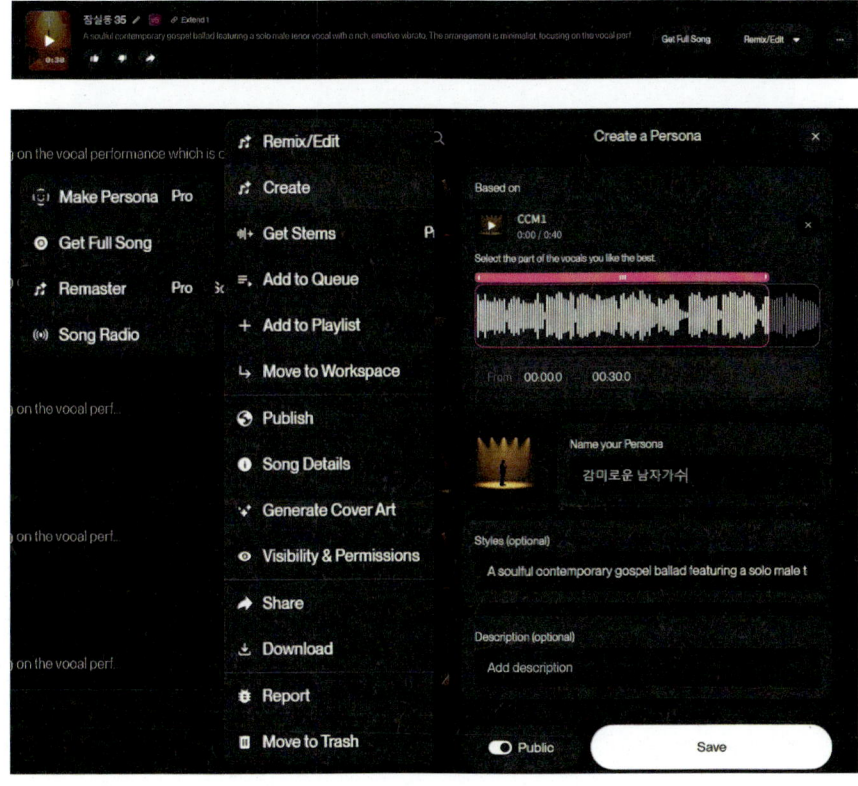

STEP 2 나만의 전속가수 불러오기

새로운 곡을 만들 때 상단의 모드를 [Custom] 으로 전환한다. 그 아래 [+ Persona] 버튼을 클릭해 미리 저장해둔 나의 전속 가수를 불러온다.

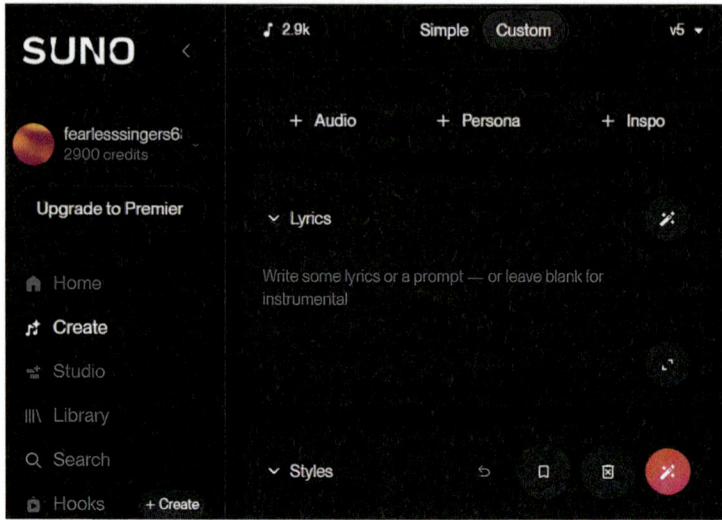

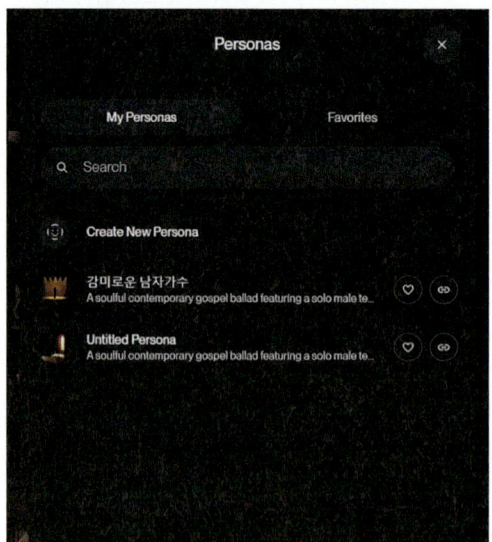

STEP 3 완성하기

가수를 지정했다면 이제 [Lyrics] 칸에는 가사를, [Styles] 칸에는 원하는 음악 스타일을 넣는다. 가사를 바꿔도, 장르를 살짝 비틀어도 아까 그 목소리가 그대로 노래를 불러주는 마법을 경험하게 될 것이다.

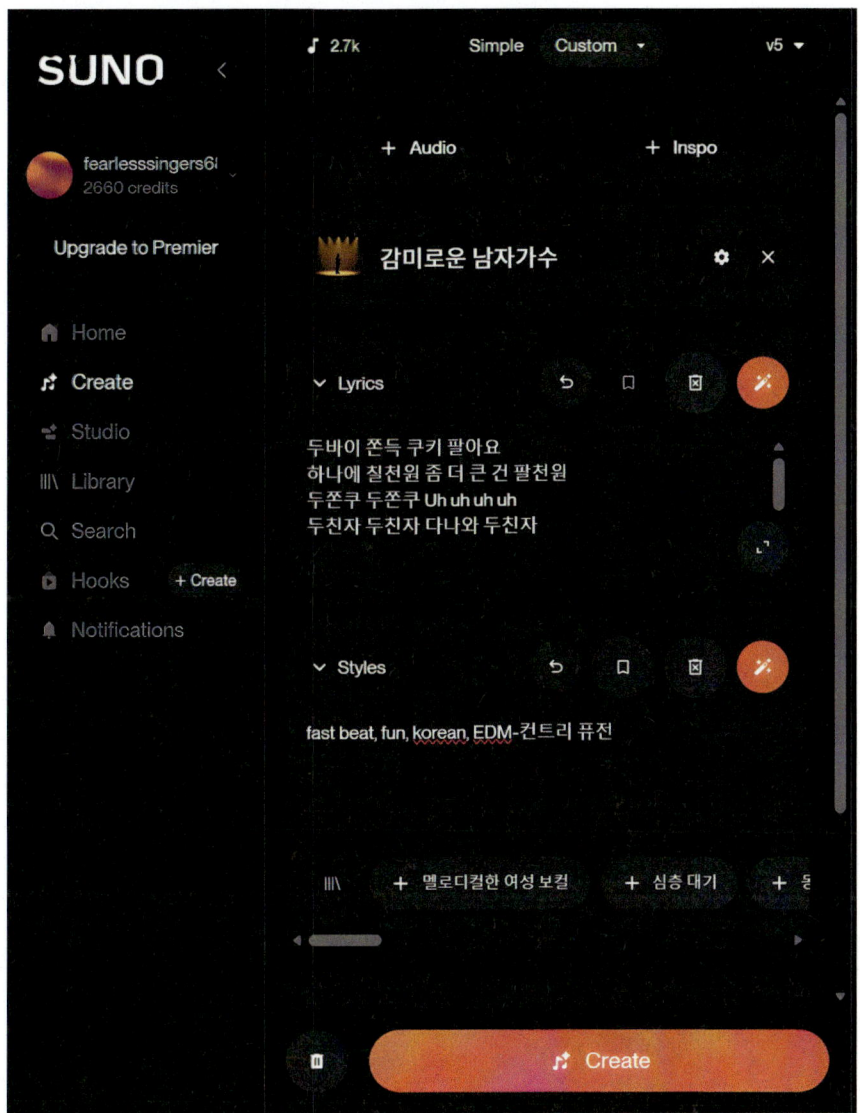

- 디테일을 조율하는 **[Advanced Options]**

단순 생성을 넘어 수노의 [Advanced Options]를 건드리면 훨씬 정교한 제작(Action)이 가능하다. 이 기능은 'Style' 입력창 하단에 위치하며, 이를 통해 AI의 창의성과 통제력 사이의 균형을 직접 조율할 수 있다.

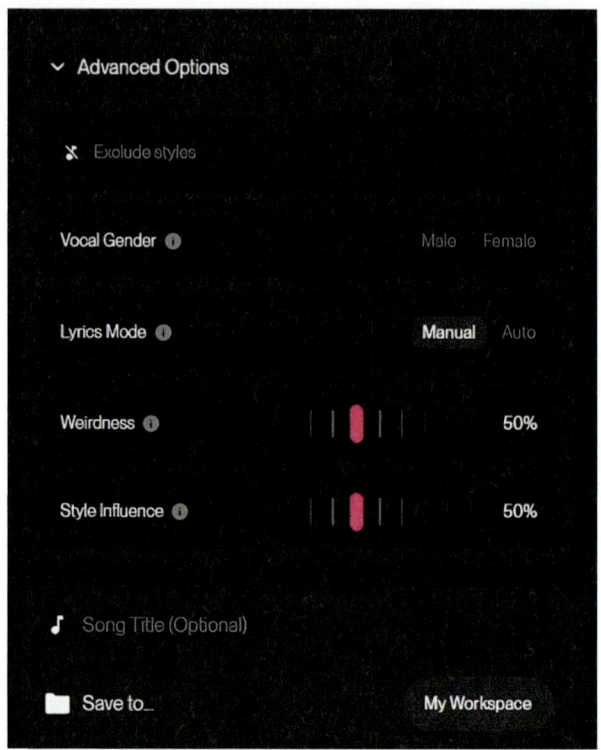

- Vocal Gender: 남성(Male)과 여성(Female) 중 보컬의 성별을 직접 선택한다.
- Weirdness (0~100%): 수치가 높을수록 기존의 문법을 파괴하는 실험적이고 독특한 음악이 나온다. 남들과 다른 유니크한 BGM이 필요할 때 활용하라.
- Style Influence (0~100%): 내가 입력한 스타일 프롬프트를 얼마나 충실히 반영할지를 결정한다.

5장. 영상(Video): 콘텐츠의 꽃, 이제 혼자서 만든다

AI로 영상을 만든다고 하면 흔히 이런 반응을 보인다. "이제 버튼 하나면 영상이 뚝딱 나오는 거야?" 하지만 실상은 전혀 다르다. 30초짜리 고퀄리티 영상을 만드는 데 AI를 활용해도 최소 3시간 이상이 걸린다. 단순한 밈(Meme) 영상은 빠를지 몰라도, 기획이 깊게 들어간 프로젝트는 꼬박 하루가 걸리기도 한다. 영상 제작에서 '절대적인 시간'이 필요하다는 사실은 변함이 없다.

그렇다면 왜 우리는 AI를 써야 할까? AI는 완성본을 알아서 만들어주는 마술 도구가 아니라, 우리가 구현할 수 없었던 고품질의 '영상 소스'를 제공하는 조력자이기 때문이다. 과거 수년간 작업해야 했던 애니메이션을 단 몇 시간으로 단축하고, 수천만 원의 제작비를 나 혼자만의 사투와 구독료로 해결할 수 있게 해준다.

나는 수많은 툴(Luma AI, Hedra, Stable Diffusion 등)을 거치며 얻은 실무 경험을 바탕으로, 가장 유용했던 영상 소스 제작 AI 툴 4대장을 엄선했다. 각 툴의 모든 기능을 다루기보다, 나의 실제 제작 경험에 비추어 가장 강력했던 기능들을 중심으로 소개하고자 한다.

- Runway(런웨이): 4K 업스케일부터 정교한 합성까지

URL : https://app.runwayml.com/

런웨이는 내가 가장 사랑하는 툴 중에 하나이다. 기능이 워낙 방대해 '종합 예술'이라 불러도 손색이 없다. 단순히 영상을 만드는 것을 넘어, 이미지 품질 개선부터 정교한 합성까지 마케터에게 필요한 거의 모든 무기를 갖추고 있다.

[기능 01] Image Upscale: 4K로 완성하는 디테일

이 책에 실린 모든 캡처본은 런웨이의 업스케일(Upscale) 기능을 거쳤다. 마케터에게 저화질은 타협할 수 없는 적이다. 런웨이는 기존 이미지를 최대 4K까지 선명하게 끌어올려 준다.

> - 작동 원리: 추정치로 픽셀을 올리는 방식이라 간혹 얇은 선으로 된 글자 등은 디테일이 떨어질 수 있지만, 전반적인 이미지 품질 향상에는 이만한 것이 없다.

CREATE

+ Start a session

 Generate Video

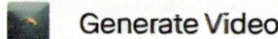 Generate Image

Generate Audio

All Tools

• 경로: 로그인 후 좌측 하단 집 모양 아이콘을 클릭하고, [All Tools] 메뉴로 들어가면 런웨이의 무수한 도구들을 한눈에 확인할 수 있다.

[기능 02] Image Synthesis: 상상을 현실로 얹는 기술

런웨이의 이미지 합성 능력은 가끔 Whisk를 압도한다. 크레딧 소모가 큰 편이라 평소엔 제미나이나 Whisk를 쓰지만, 난도가 높은 작업엔 어김없이 런웨이를 꺼내 든다.

> • 실전 사례 (낙타 탄 삐쑝이): '낙타 위에 올라탄 삐쑝이'를 만들 때의 일이다. 런웨이의 가장 강력한 점은 레퍼런스 이미지를 최대 3개까지 첨부하여 정교한 가이드를 줄 수 있다는 것이다. 나는 삐쑝이의 기본 캐릭터 사진과, 내가 인도에서 낙타를 타고 찍었던 실제 사진을 함께 첨부했다. (첨부할 배경은 미드저니 같은 다른 툴로 미리 만들어둬도 좋다.)
> • 놀라운 결과물: 런웨이는 내가 준 레퍼런스를 기막히게 살려냈다. 결과물을 보면, 인도 사막의 배경과 낙타의 질감은 완벽하게 유지한 채, 원래 타고 있던 내 모습만 감쪽같이 지우고 그 자리에 삐쑝이 캐릭터를 자연스럽게 얹어냈다.
> • 프롬프트 팁: ChatGPT에게 레퍼런스 이미지와 함께 "강아지가 ~~한 행동을 하는 상황이야. 런웨이 이미지 툴용 프롬프트를 써줘"라고 요청하면 정교한 주문서를 얻을 수 있다.

Runway - Image 기본화면

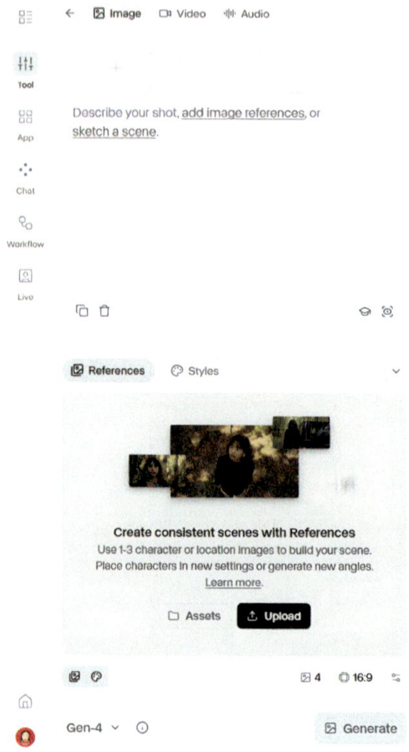

Left screen

← ⊞ Image　▭ Video　〰 Audio

||| Tool
⊞ App
⋅⋅⋅ Chat
⦿ Workflow
▣ Live

Describe your shot, add image references, or sketch a scene.

▣ 🗑　　　　　　　　　　◎ ⟡

⊞ References　🎨 Styles　　　　ˇ

Create consistent scenes with References
Use 1-3 character or location images to build your scene.
Place characters in new settings or generate new angles.
Learn more.

🗀 Assets　⬆ Upload

⊞ 4　◷ 16:9

Gen-4 ˇ　ⓘ　　　　⊞ Generate

Right screen

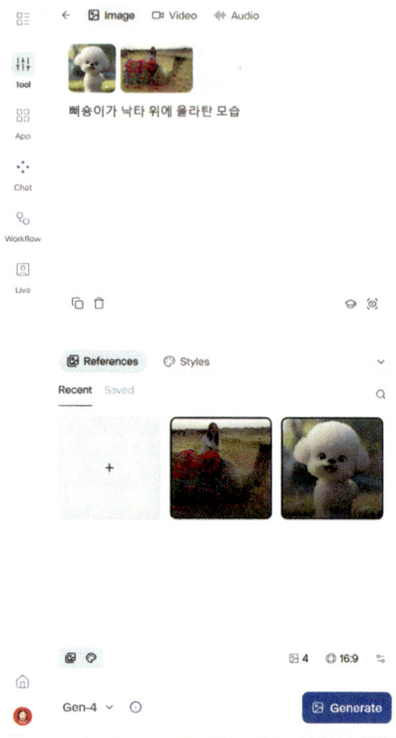

← ⊞ Image　▭ Video　〰 Audio

||| Tool
⊞ App
⋅⋅⋅ Chat
⦿ Workflow
▣ Live

뻐숑이가 낙타 위에 올라탄 모습

▣ 🗑　　　　　　　　　　◎ ⟡

⊞ References　🎨 Styles　　　　ˇ

Recent　Saved　　　　　　　Q

+

⊞ 4　◷ 16:9

Gen-4 ˇ　ⓘ　　　　⊞ Generate

첨부했던 레퍼런스 사진

64

도출한 결과물

작업 시 결과물 개수와 비율(Aspect Ratio)을 직접 선택할 수 있다. 결과물 개수는 소진되는 크레딧에 직접 영향을 준다. 런웨이는 현재 이미지 1장당 8 크레딧이 소진된다. 무턱대고 개수를 늘리기보다 계획적으로 사용하는 것이 좋다.

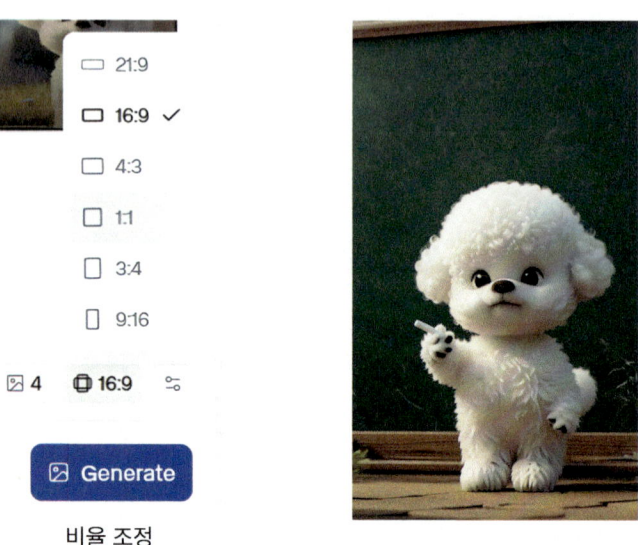

비율 조정

제작 이미지 사례

[기능 03] Video Generation: 세로형 영상의 최강자

이미지 1장과 프롬프트만 있으면 압도적인 디테일의 영상이 나온다. 런웨이는 숏폼에 최적화된 9:16 세로형 비율을 완벽하게 지원한다.

> • 활용: 립싱크는 안 되지만 세로형 무빙 동작은 최고다. 대사가 없는 인서트 영상 소스에 최적이다. 예를 들어, 직화로 고기 굽는 정적인 이미지에 불이 활활 타오르는 생생한 움직임(무빙 효과)을 더해 광고 소스로 만드는 작업 등이 대표적이다.

[사례 연구] 통일부 공모전 장관상: '기억'에 생명력을 불어넣는 법

최근 통일부 공모전에서 장관상을 받은 내 영상의 모든 소스는 런웨이 (Runway)를 통해 제작했다. 북한에 계셨던 할아버지의 어린 시절을 회상하는 작품이었기에, 캐릭터의 립싱크보다는 그 시대의 공기와 정서적인 움직임을 구현하는 것이 무엇보다 중요했다. 이 과정에서 내가 사용한 '단계별 프롬프트 전략'을 소개한다.

STEP 1 정책 위반을 피하는 '우회 전략'

실제 할아버지의 현재 사진을 ChatGPT(DALL-E)에 넣고, 단순히 "이 사람을 5살 아이로 만들어줘"라고 요청하면 제대로 된 결과가 나오지 않을 가능성이 높다. 특히 실존 인물 사진을 바탕으로 다른 실사 사진을 만들라는 요청은 딥페이크 방지 등 플랫폼 내 정책 위반으로 간주되어 거부당하기 일쑤다.

• 해결책: 나는 먼저 할아버지의 사진을 첨부하며 "이 사진을 사진처럼 보이는 '그림'으로 그려줘"라고 요청했다. 실사가 아닌 화풍으로의 변환은 법적 제재를 피하면서도 인물의 특징과 감성을 그대로 가져갈 수 있는 영리한 방법이다.

STEP 2 단계를 쪼개는 '디테일 지시'

한 번의 주문으로 완벽한 이미지를 얻으려 하지 말고, 단계를 쪼개어 AI를 학습시켜야 한다.

• 프롬프트 공유: "앞선 그림과 같은 정면 구도로, 할아버지가 7살 정도의 꼬마 아이였을 때를 상상하며 같은 풍채의 그림을 그려줄 수 있을까? 1950년대 북한 아이들이 입던 개량 한복을 입은 모습으로."

• 결과: 이렇게 하면 AI는 원본 사진의 인상(풍채, 구도)을 유지한 채 시대적 배경이 반영된 어린 시절의 캐릭터를 생성해낸다.

STEP 3 캐릭터 기반의 바리에이션 생성

　탄생한 '5살 할아버지 그림 캐릭터'를 베이스로 다양한 상황 이미지를 만든다.

• 확장: 스케이트를 타는 모습, 보따리를 들고 학교에 가는 모습, 빛바랜 가족 사진 속에 앉아 있는 모습 등 이야기 전개에 필요한 영상 소스들을 이미지 형태로 먼저 확보한다.

STEP 4 런웨이로 숨결 불어넣기

　마지막으로 이 정적인 그림들을 런웨이에 넣는다. 런웨이는 단순한 이미지 변환을 넘어 흩날리는 눈발이나 보따리를 들고 아이가 앞으로 걸어가 화면에서 사라지는 모습, 울며 형의 손을 잡고 걸어가는 모습 등 미세한 움직임을 더해 그림에 생명력을 불어넣는다. 여기에 담담한 내레이션과 직접 만든 배경음악을 얹으면, 세상 어디에도 없던 할아버지의 어린 시절 기록이 영상으로 완성된다.

[QR 코드: 통일부 공모전 수상작 감상하기 - https://bit.ly/통일부공모전]

잘그렸다! 이 아이랑 이 아이의 중학생 형이랑 둘이 손 꼭 붙잡고 피난
길 떠나는 전신 모습 그려줘 1950년대 평양 거리에서 6.25전쟁 피난길
풍경(보따리를 짊어진 사람들)이 배경이고

이미지 생성됨

┼   무엇이든 물어보세요   🎤   ⬤

ChatGPT는 실수를 할 수 있습니다. 중요한 정보는 재차 확인하세요. 쿠키 기본 설정을 참고하세요.

이 꼬마아이가 검정 고무신을 신고 보자기에 책을 싸서 학교를 다니셨던 어린 시절의 모습을 그려줘 (1950년대 북한 평양)

이미지 생성됨

+ 무엇이든 물어보세요

• Flow : SNS를 점령한 '말하는 강아지' 영상, 그 비밀의 엔진

URL : https://labs.google/flow

플로우(Flow)는 구글 제미나이(Gemini)를 기반으로 탄생한 툴이다. 앞서 이미지 파트에서 다룬 Whisk, Image FX와는 같은 '뇌(Veo 3.1 엔진)'를 공유하는 남매 사이라고 이해하면 쉽다. 요즘 SNS에서 유행하는 '말하는 강아지 인터뷰' 영상의 십중팔구는 이 플로우의 작품이다.

다만, 강력한 만큼 비용(Credit) 계산이 중요하다. veo3.1-fast 모델 기준으로 영상 1개(최대 8초)당 20크레딧이 소진되니, 기획 단계에서 컷 구성을 명확히 하고 작업에 들어가는 것이 경제적이다.

플로우의 프롬프트 입력창은 다음과 같다.

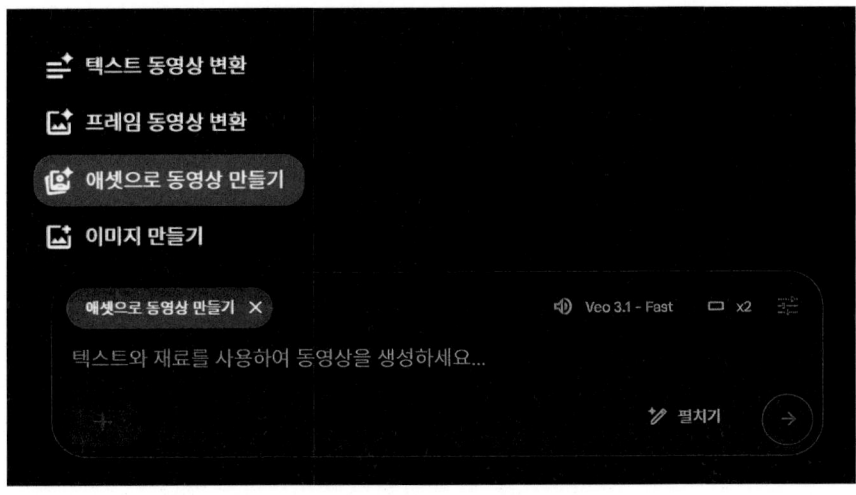

[기능 01] 애셋으로 동영상 만들기 (Asset-to-Video)

내가 플로우에서 가장 많이 쓰는 기능이다. 미드저니나 제미나이에서 공들여 만든 캐릭터 이미지를 업로드하고 프롬프트를 입력하면, 정지된 캐릭터가 입을 맞추어 말하는 마법이 펼쳐진다. 캐릭터의 정체성을 유지하면서 메시지를 전달하기에 가장 유용하다. 현재 해당기능은 16:9 가로형 비율만 지원된다.

기획의 디테일을 살리는 '비밀 레시피' : 실전 프롬프트 2종

내가 주로 사용하는 두 가지 유형의 프롬프트를 공개한다. 유형 1은 ChatGPT와 머리를 맞대어 창작한 것이고, 유형 2는 다른 창작자분께 나눔 받은 자산이다. 프롬프트 자체에는 아직 저작권이 없으니, 여러분이 기획한 대본과 캐릭터의 성격에 맞춰 마음껏 변형하고 다듬어서 사용해 보길 권한 다.

• 유형 ①: 한국어 립싱크 강조형

캐릭터가 단순히 입을 벙긋거리는 수준을 넘어, 한국어 발음 하나하나에 맞춰 정확하게 말하는 느낌을 주고 싶을 때 사용한다.

Prompt: "Use the input image as the main character. Do not change the dog's face, fur, or clothing. No subtitles, no text. When speaking, the dog uses large, clear mouth movements with Korean lip-sync. Emphasize strong mouth-shape transitions for every syllable. Voice: cute 3-year-old girl voice. Dialogue (perfect Korean lip-sync): "여기에 내가 기획한 대본을 입력하세요""

• 유형 ②: 인터뷰 현장감 재현형

최근 SNS에서 가장 핫한 '동물 인터뷰' 형식을 구현할 때 최적화된 프롬 프트다. 화면 밖 리포터와 대화하는 듯한 자연스러운 연출이 핵심이다.

Prompt: "동물 인터뷰 영상. 화면 밖에서 "어디 가나요?"라고 한국 여 자 리포터의 목소리가 들리면 강아지가 "세뱃돈 받으러, 아니... 세배하 러 간대요."라고 한국어로 말하며 천진난만하게 웃는 모습. 대사에 맞 는 제스처를 취하며 리포터도 같이 웃는다. 아기 말티푸의 목소리는 3 살 한국 남자아이 목소리다. 리포터가 말할 때는 마이크를 든 손이 보 이지 않고, 강아지가 말할 때만 마이크를 든 손이 보인다. 리포터는 등 장하지 않는다. 자막 없음. 4K aesthetics. 강아지의 외모는 제공된 이미지의 시각적 특징을 일관되게 유지한다."

분석은 창작이고, 변형은 실력이다

위의 프롬프트를 그대로 복사해서 써보는 것부터 시작하라. 하지만 진짜 실력은 여기서 단어를 하나씩 바꿔보며 나만의 '톤앤매너'를 찾아가는 과정에서 만들어진다. 아이의 목소리를 노인의 목소리로 바꾸거나, 마이크 대신 꽃다발을 들게 하는 식의 작은 변주가 당신의 콘텐츠를 유니크하게 만든다.

[기능 02] 프레임 동영상 변환 (Frame-to-Video)
첫 번째 프레임과 마지막 프레임 이미지를 각각 넣어 그 사이의 '움직임'을 AI가 채워주는 기능이다.
- 실무 활용 팁: 의류 마케터라면 '자켓을 닫고 있는 모습'을 첫 프레임에, '자켓이 펄럭이며 열린 모습'을 마지막 프레임에 넣어보라. 배경을 그린스크린으로 설정해 생성하면, 나중에 편집 툴에서 배경만 쏙 빼고 원하는 장소를 합성해 훨씬 엣지 있는 3D 광고 소스를 만들 수 있다.

Chat GPT에게 프롬프트를 요청했다.

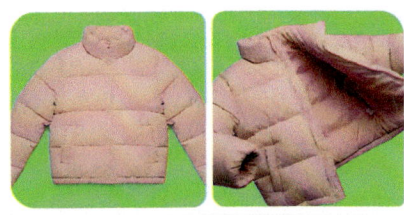

flow prompt 좀 써줘 닫혀있던 지퍼가 열리고 옷이 펼쳐지면서 회전하는 영상

Chat GPT가 써준 프롬프트를 flow에 넣었다.

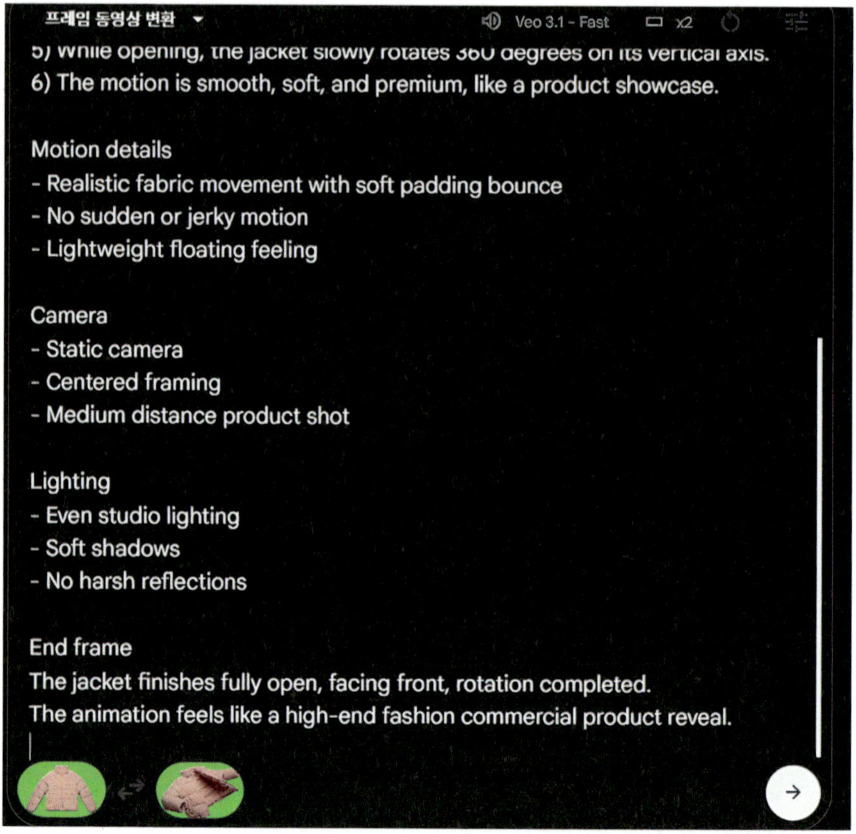

프레임 동영상 변환
Veo 3.1 - Fast
x2
5) While opening, the jacket slowly rotates 360 degrees on its vertical axis.
6) The motion is smooth, soft, and premium, like a product showcase.
Motion details
- Realistic fabric movement with soft padding bounce
- No sudden or jerky motion
- Lightweight floating feeling
Camera
- Static camera
- Centered framing
- Medium distance product shot
Lighting
- Even studio lighting
- Soft shadows
- No harsh reflections
End frame
The jacket finishes fully open, facing front, rotation completed.
The animation feels like a high-end fashion commercial product reveal.

Use the input image as the main object. Do not change the jacket's color,
texture, or design. No subtitles, no on-screen text. Scene A pink padded...
Veo 3.1 - Fast

결과물 도출

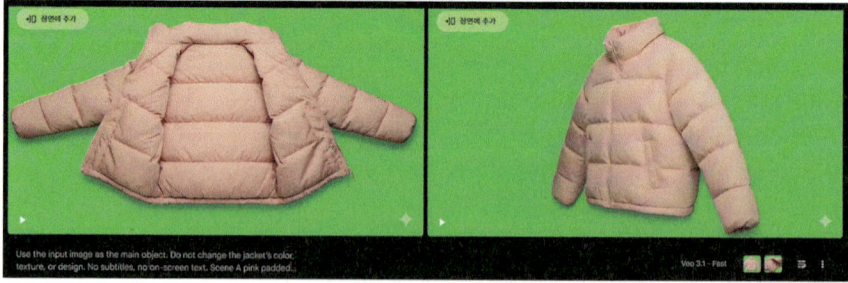

기획자의 열의가 영상의 '급'을 결정한다

AI 영상은 버튼 한 번에 뚝딱 나오지 않는다. 같은 프롬프트를 넣어도 가끔 목소리 톤이 튀거나 입 모양이 어색할 때가 있다. 이때 실망하지 않고 여러 번의 생성(Iteration)을 거쳐 기획자의 의도와 100% 일치하는 단 하나의 소스를 찾아내는 노고가 필요하다.

"절대 그냥 나오는 AI는 없다." 영상 소스 하나에 담긴 기획자의 노련한 핸들링과 집착이야말로 콘텐츠의 완성도를 결정짓는 진짜 '기술'이다.

• HeyGen : 0.1초의 오차도 허용하지 않는 완벽한 립싱크

URL : https://app.heygen.com/
플로우(Flow) 역시 훌륭한 툴이지만, 가끔 동물의 입 모양이 대사와 겉돌 때가 있다. 이때 기깔나게 립싱크를 맞춰주는 구원투수가 바로 헤이젠(HeyGen)이다. 내가 동물 AI 채널을 운영하며 수많은 시행착오를 겪으면서도 이 툴을 절대 놓지 못하는 이유이기도 하다.

[기능 01] 목소리의 일관성: ElevenLabs API 연동
나는 채널 브랜딩에서 가장 중요한 요소 중 하나가 '일관된 목소리'라고 생각한다. 헤이젠은 일레븐랩스(ElevenLabs)와 API로 연동되어, 두 서비스를 모두 구독 중이라면 일레븐랩스에서 만든 내 고유의 목소리를 헤이젠으로 바로 불러와 대본을 읊조리게 할 수 있다. 우선 [Create a video]에서 [Photo to video]를 클릭한다.

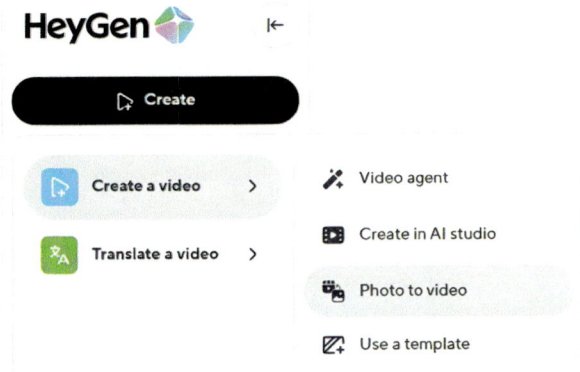

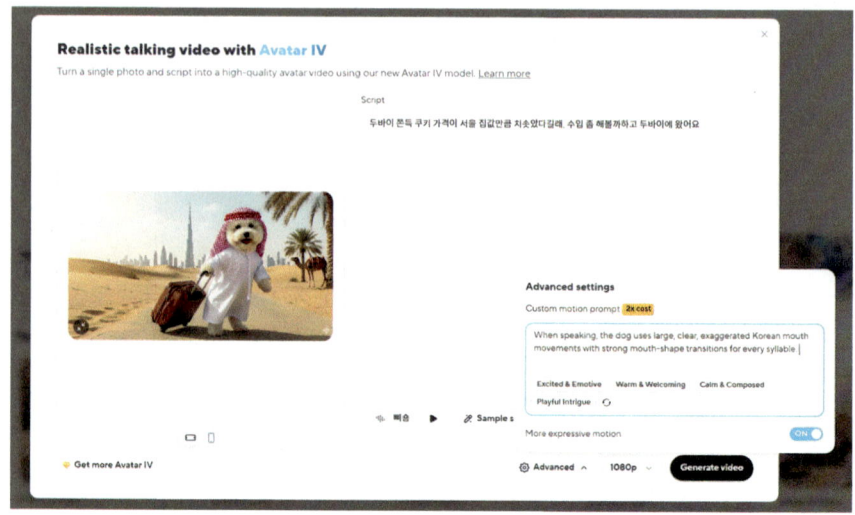

- 실전 팁: 헤이젠에서도 립싱크의 정교함을 높이기 위해 다음과 같은 프롬프트를 곁들여 보라.

  Prompt: "When speaking, the dog uses large, clear, exaggerated Korean mouth movements with strong mouth-shape transitions for every syllable. (여기에 원하는 추가 액션 입력)"

[기능 02] 엄격한 검열을 피하는 '자유로운 탈출구'

구글 기반의 툴들은 법적·윤리적 가이드라인이 굉장히 엄격하다. 예를 들어 정치인의 이름이 대본에 포함되면 '민감한 주제'라며 생성을 거부당하기 일쑤다. 이때 헤이젠은 훌륭한 탈출구가 된다. 정치인 이름 하나에 생성 자체가 막혀버리는 구글에 비해, 헤이젠은 내가 넣은 대본대로 캐릭터가 유연하게 말할 수 있도록 도와준다. 생성 요청 후 거부당할 때까지 기다리는 소중한 시간을 벌어주는 셈이다.

[기능 03] 나를 대신하는 분신: AI 아바타 제작

헤이젠의 가장 강력한 메인 기능 중 하나는 바로 '디지털 아바타' 생성이다. 내 모습을 일정 시간 녹화해 학습시키면, 이후에는 내가 직접 카메라 앞에 서지 않아도 내 얼굴을 한 아바타가 입력한 대본대로 말하는 영상을 만들어낼 수 있다. 비록 내 채널은 동물 캐릭터 중심이라 직접 활용하지는 않았지만, 퍼스널 브랜딩을 꿈꾸는 이들에게는 혁신적인 기능이다.

> **▲[마케터의 지갑 관리] 헤이젠은 '최종 병기'다**
>
> 헤이젠 역시 만만치 않은 크레딧이 소진된다. 그래서 나는 이 툴을 정말 아껴서 쓴다. 평소에는 플로우(Flow)를 사용하다가, "아, 이건 플로우로는 죽어도 안 나오겠다" 싶을 때 혹은 "이 립싱크는 한 치의 오차도 없어야 한다"고 판단될 때만 헤이젠이라는 최종 병기를 꺼내 든다.

• Kling : 춤추는 동물을 구현하는 고퀄리티 모션 제어

URL : https://app.klingai.com/

인스타그램을 휩쓴 AI 강아지들의 댄스 챌린지. 도대체 이 털 뭉치들이 어떻게 사람의 춤을 이토록 정교하게 출 수 있게 된 것일까? 어떤 툴을 사용했길래 알고리즘이 이토록 열광하는 것일까?

나만 해도 평균 조회수 1,000회 내외를 맴돌던 채널에서, AI 강아지 캐릭터가 춤추는 영상을 올리자마자 조회수 18만 회, 19만 회를 기록하며 구독자가 수직 상승했다. 노출은 재미있는 영상으로 하고, 나의 진짜 메시지는 또 다른 영상으로 전달하며 현재는 '재미 2 : 시사 1'의 황금 비율로 채널을 운영 중이다.

인스타그램과 틱톡을 장악한 이 기묘하고도 귀여운 댄스 챌린지의 이면에는 압도적인 물리 엔진을 가진 최종 병기, Kling(클링)이 자리 잡고 있다.

제 춤선이 어떤가요?
조회수 18만회

방구석 춤꾼 등장~ (feat.
요즘 유행은 못참지…)
조회수 19만회

한복입고 둠칫둠칫

방구석 춤꾼 등장

1. 사람의 움직임을 동물에게 이식하는 법

Kling의 핵심 기능은 [AI 비디오 - 비디오 생성 - 모션 컨트롤]에 있다.

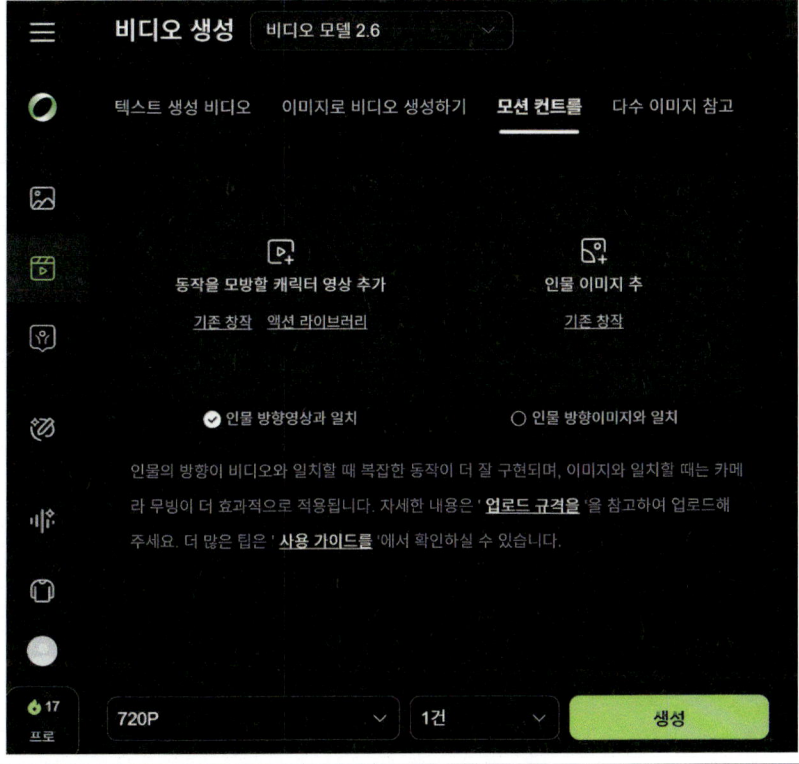

• 동작의 원본: 모방하고 싶은 댄스 영상을 왼편에 넣는다.
• 변신할 주인공: 움직이게 만들고 싶은 동물 사진을 인물 이미지 추가 란에 넣는다.
• 일치화: 마지막으로 '인물 방향 영상과 일치'를 선택하면 준비는 끝난 다.

※ 마케터의 실전 팁: "AI는 사람만 알아본다" 주의할 점이 있다. Kling의 모션 컨트롤은 현재 '사람의 행동'만을 인식한다. 모바일 녹화 기능을 활 용해 사람이 추는 댄스 영상을 녹화해서 넣어라. AI가 사람의 관절 움직 임을 분석해 동물 사진에 그 동작을 입혀줄 것이다.

2. 기괴함을 귀여움으로 바꾸는 한 끗: 프롬프트의 힘

Kling도 완벽하진 않다. 동물이 사람 춤을 추다 보면, 가끔 강아지 발 대신 징그러운 사람 손가락이 튀어나오는 참사가 벌어진다. 이 '기괴함의 골짜기'를 넘기 위해 '장갑(Mittens)'이라는 우회로를 택한다.

사람 손과 합성된 기괴한 모습

• 손가락 방어용 프롬프트
  모션 컨트롤 내에 따라할 영상과 강아지 사진을 넣고 바로 밑 프롬프트 입력란에 하기 프롬프트를 함께 입력한 후 생성 버튼을 누른다.
  Prompt: wearing fluffy all white knitted mittens, round paw shape, no fingers visible, only white

3. 막힐 땐 다시 AI에게 돌아가라

프롬프트를 아무리 넣어도 몸이 사람처럼 표현된다면? 다시 ChatGPT나 Gemini에게 돌아가라. "손이랑 몸이 자꾸 사람처럼 나와. 최대한 강아지처럼 귀엽게 만들어줄 프롬프트 써줘"라고 요청하는 식이다. 질문의 수준이 곧 답변의 수준을 결정한다. 내가 쓰는 '치트키 프롬프트'는 다음과 같다.

> **Prompt:** wearing fluffy all white knitted mittens (inside outside both white), round paw shape, no fingers visible, dancing happily. Crucially, maintain the original fluffy white fur texture

4. 디지털 월세를 아끼는 마케터식 생존 전략

Kling 가입 시 받는 기본 크레딧으로는 고작 영상 2개 정도만 만들 수 있다. 나는 비용을 아끼기 위해 '추천인 가입'을 활용해 두 개의 계정을 운영했다. 추천 아이디로 가입하면 두 계정 모두 상여 크레딧을 받는다. 콘텐츠 제작자로 롱런하기 위해서는 디지털 월세를 아끼는 다양한 시도가 필요하다.

- 실전 : 기획부터 편집까지, AI 툴 3개 조합으로 유튜브 영상 1편 완성하기

요즘 내 인스타그램 피드는 온통 동물 AI 영상뿐이다. 알고리즘 때문에 다른 AI 강아지 크리에이터들이 어떤 콘텐츠에 올라타는지, 대중이 어디에 반응하는지 누구보다 빠르게 캐치할 수 있다. 최근 내가 캐치한 바이럴 키워드는 '상황의 구체성'이다. 미용실에서 파마를 하고, 찜질방에서 양머리를 한 채 계란을 까먹고, 샤워 캡을 쓰고 목욕하는 강아지들.

이제 단순한 귀여움을 넘어, 강아지가 사람이 할 법한 구체적인 상황 속에 놓였을 때 유저들은 댓글을 달고 공유 버튼을 누른다. 이번 타겟은 '미용실에서 파마하는 삐숑이'로 정했다. 하지만 여기서 멈추면 평범한 복제일 뿐이다. 에피소드에 생명력을 불어넣는 청사진(Blueprint)은 여전히 기획자인 인간의 몫이다.

STEP 1 Gemini - 기획과 이미지 만들기

파마만 하면 심심하다. "이미 구독해놓은 Kling 크레딧을 월말까지 써야하니 춤이라도 한 판 추자"는 결론에 이르렀다. 처음에는 이효리의 '10 Minutes'를 떠올렸지만, 미용실이라는 화려하고 톡톡 튀는 컨셉과는 'U-Go-Girl'이 훨씬 찰떡이라는 생각이 들었다. 그리고 명령을 내렸다.

실사 dslr 느낌 16:9 비율, 두발로 서있어 오른쪽 귀에 분홍리본
삐송이좀 fluffy 하고 아기 비송처럼 예쁘게 그려줘 레퍼런스 참
고해서
얼굴에는 아무것도 안묻고 하얗게

미용실에서 헤어커튼 두르고 머리 파마하고 있는 삐송 정면

생각하는 과정 표시 (Nano Banana Pro) ⌄

이후 추가 입력 Prompt: 배경은 똑같고 머리도 똑같고 의자에서 내려와서 바닥에 선상태로 헤어커튼 말고 첨부한 의상

(+의상 사진 첨부)

이후 추가 입력 Prompt: 두발로 서있어야지

이후 추가 입력 Prompt: 오른쪽 귀에 핑크리본

일차적으로 필요한 모든 이미지가 준비되었다.

STEP 2 Kling - 생동감을 불어넣는 모션

준비된 이미지를 들고 Kling으로 향했다. 핸드폰 화면 녹화 기능을 활용해 이효리의 'U-Go-Girl' 포인트 안무 영상을 따로 저장해두었다. 이 '동작 원본' 영상을 Kling의 모션 컨트롤(Motion Control) 메뉴에 업로드하는 순간, 진짜 마법이 시작된다. 사람이 추는 안무의 정교한 관절 움직임이 삐숑이의 작고 소중한 몸짓으로 그대로 이식되는 것이다. 털의 질감이 뭉개지지 않으면서도 비트에 맞춰 리드미컬하게 움직이는 삐숑이의 댄스 영상. 기괴함 (Uncanny Valley)을 넘어선 이 귀엽고 힙한 영상이 완성되었다.

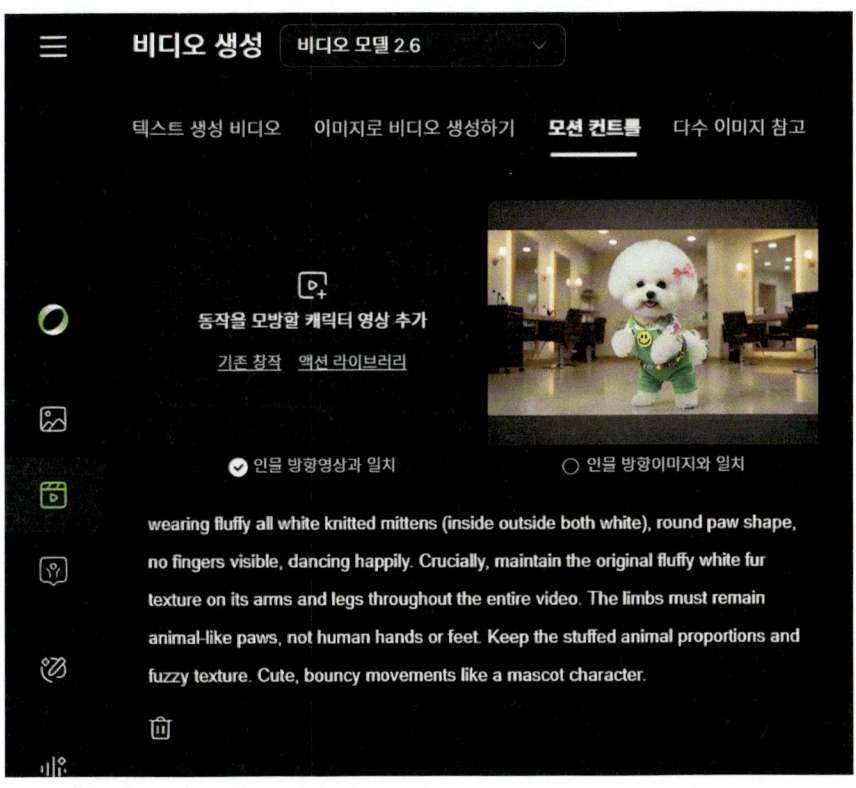

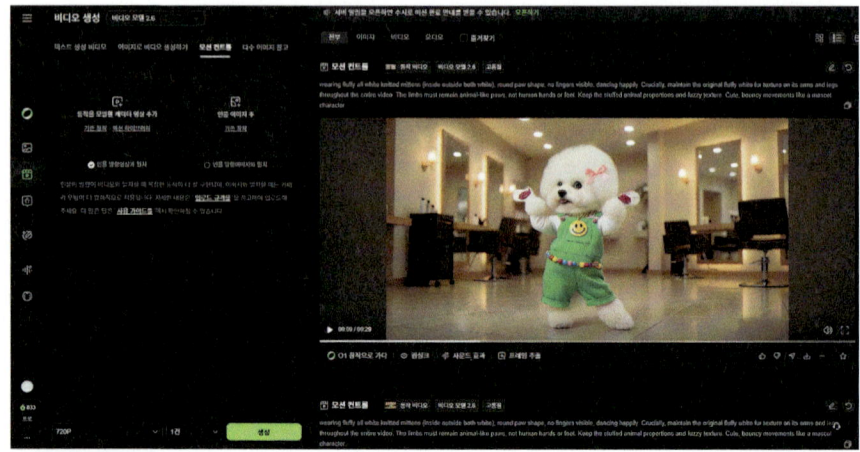

STEP 3 Flow - 서사와 연결의 기술

파마를 하던 강아지가 갑자기 미용실 한복판에서 춤을 추는 전개는 자 칫 뜬금없어 보일 수 있다. 이 개연성의 간극을 메우는 것이 바로 '서사 (Narrative)'다. 나는 삐숑이가 미용실 의자에서 당당하게 내려와 챌린지를 시작하기까지의 '연결 고리'를 만들기 위해 다시 한번 Flow를 꺼내 들었다. 우선, 기자가 질문을 던지고 삐숑이가 대답하는 인터뷰 형식을 처음과 중간 에 삽입했다.

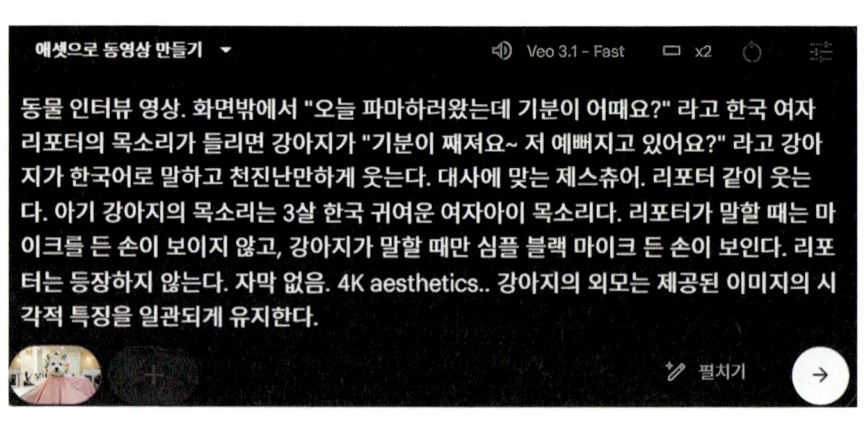

애셋으로 동영상 만들기 ▾　　　　🔊 Veo 3.1 - Fast 　 ☐ x2 　↻

동물 인터뷰 영상. 화면밖에서 "준비됏어요?" 라고 한국 여자 리포터의 목소리가 들리면 강아지가 "뮤직주세요~큐!" 라고 강아지가 한국어로 말하고 천진난만하게 웃는다. 대사 에 맞는 제스츄어. 리포터 같이 웃는다. 아기 강아지의 목소리는 3살 한국 귀여운 여자아 이 목소리다. 리포터가 말할 때는 마이크를 든 손이 보이지 않고, 강아지가 말할 때만 심 플 블랙 마이크 든 손이 보인다. 리포터는 등장하지 않는다. 자막 없음. 4K aesthetics.. 강아지의 외모는 제공된 이미지의 시각적 특징을 일관되게 유지한다.

✎ 펼치기　　　→

추가적으로 의자에서 내려와달라는 명령을 내렸다. Flow도 8초까지 밖에 생 성이 안되고, 너무 긴 프롬프트도 잘 인식을 못하기 때문에 기획자가 장면 장 면을 끊어서 명령을 줘야 한다.

> **Prompt:** 헤어커텐을 벗고 (입고있는 녹색 멜빵 옷이 보인다) 의자 에서 내려온다.

Flow에는 '프레임 동영상 변환'이라는 강력한 기능도 존재한다. 첫 프레임과 마지막 이미지를 배치하고 변화 과정에 대한 프롬프트를 입력하면, 시작과 끝 사이를 내가 설계한 서사로 완벽히 구현해낸다. 머리를 감쌌던 파마롤을 어떤 호흡으로 풀어헤쳐 눈부신 하이바를 완성할 것인가?

87

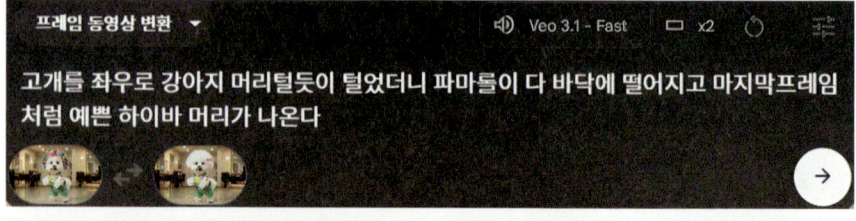

이렇게 제작한 최종영상이다.

최종 영상 보러가기

마케터의 통찰: AI는 조수일 뿐, 연출은 인간의 몫

결국 파마롤을 어떻게 풀어서 하이바를 만들지, 그 과정에 어떤 마법 같은 효과를 넣을지 결정하는 것은 기획자인 나의 '머리'다. AI는 내 머릿속 상상을 현실로 꺼내주는 가장 충실하고 빠른 손발이 되어주었을 뿐이다.

기술이 화려해질수록 그 도구를 휘두르는 사람의 의도와 설계가 결과물의 진짜 가치를 결정짓는다. 이것이 바로 우리가 '빠르게 만드는 사람'을 넘어 '잘 설계하는 프로듀서'가 되어야 하는 이유다.

지속 가능한 크리에이터로 살아남기

6장. 디지털 월세 다이어트: 파산하지 않는 나만의 툴 조합

세상에는 좋은 AI 툴이 너무 많다. 하지만 호기심에 이끌려 하나둘 구독 버튼을 누르다 보면, 어느새 통장 잔고가 '디지털 월세'로 바닥나는 참사를 맞이하게 된다. 마케터로서 가장 중요한 것은 무조건 많은 툴을 쓰는 것이 아니라, 내 업무의 무게중심이 어디에 있는지 파악하고 그에 딱 맞는 가성비 패키지를 구성하는 전략이다.

- 내 업무의 무게중심에 맞춘 '가성비 패키지' 구성법

당신은 지금 어떤 '노가다'에 가장 많은 시간을 쓰고 있는가? 각 직무별로 가장 돈값 하는 최적의 툴 조합을 제안한다.

1. 당신이 실무 디자이너라면? (Surgical Approach)

[조합: Gemini (Google AI pro 29,000원) + Runway (Standard 15달러) / 예상 월세: 약 51,500원]

디자이너에게 AI는 무에서 유를 만드는 도구보다, 기존 소스를 '정교하게 수정'하는 용도로 쓸 때 가장 파괴적이다.

- 원본의 가치 보존: 브랜드에서 50~60만 원씩 들여 조명 설계까지 마친 고퀄리티 광고 컷이 있다면, 분위기는 그대로 두고 소품만 바꿔라. Gemini를 활용해 사이드 접시 위의 치즈케이크를 딸기 생크림 케이크로 바꾸거나, 스테이크를 폭립으로 교체하는 식이다. 브랜딩을 해치지 않으면서도 촬영 비용을 획기적으로 아낄 수 있다.
- 저해상도의 극복: 수정된 이미지를 Runway의 4K Upscale 기능을 거치면 픽셀 밀도가 높아진다. 비록 dpi는 96 수준이지만,

---

> 600*1800mm 규격의 배너 상단 이미지를 교체하는 용도로는 충분히 가성비 있게 활용 가능하다.

2. 당신이 영상 PD라면? (Motion Alchemy)

[조합: Runway (Unlimited 95달러) / 예상 월세: 약 142,500원]

기존 광고 컷에 생명력을 불어넣는 것이 영상 PD의 핵심 과제다. 이 경우에는 여러 툴을 섞기보다 하나를 제대로 쓰는 것이 경제적이다.

> • 무빙의 마법: 아동복 광고 컷 속 아이에게 "점프해"라는 명령을 내리거나, 중식 셰프가 웍을 돌리는 역동적인 무빙을 추가하거나, 고기를 굽는 이미지 컷에 불길이 활활 타오르는 무빙 효과를 주는 것만으로도 훌륭한 광고 영상 소스가 된다.
>
> • 카메라 워킹: 팬 (Pan / Panning): [좌↔우], 틸트 (Tilt / Tilting): [상↕하] 카메라 워킹을 명령해 단순한 사진을 깊이감 있는 영상으로 탈바꿈시킬 수 있다.
>
> • Unlimited의 여유: 크레딧이 깎이는 낮은 플랜보다는 Unlimited 플랜을 추천한다. 영상 AI는 한 번에 정답이 나오지 않기 때문에, 마음 편히 여러 프롬프트를 시도해 볼 수 있는 환경이 결국 제작 퀄리티를 결정한다.

3. 당신이 1인 크리에이터라면? (Avatar Master)

'무(無)'에서 '유(有)'를 창조해야 하는 크리에이터에게 AI는 단순한 도구가 아니라 제2, 제3의 자아를 만들어내는 생산 공장이다. 하지만 공장을 돌리려면 운영비가 드는 법. 내 주머니 사정과 결과물의 퀄리티 사이에서 타협점을 찾아야 한다.

① 절약형 : 최소 비용으로 서사를 만들다

[조합: Google AI Ultra 단독 구독 / 예상 월세: 11만원~36만원]

가장 경제적인 선택지는 Gemini 하나로 버티는 것이다. Gemini 내장 기능을 활용해 이미지를 생성하고 대사를 입히는 방식이다. 물론 마법처럼 한 번에 완벽한 영상이 툭 튀어나오지는 않는다. 한 장면을 건지기 위해 최소 4~6개의 소스를 추출하는 인내의 시간이 필요하다.

영상 길이는 8초 내외로 짧지만, 기획자가 장면들을 영리하게 이어 붙인다면 8초의 한계를 넘어서는 충분히 매력적인 서사를 완성할 수 있다.

그런데 왜 예상 월세의 범위가 이토록 넓은가 의아할 수 있다. 결론부터 말하면 구글의 제안가는 '계정마다 다르기' 때문이다. 실제로 정가 36만 원인 플랜을 월 18만 원 특가로 제안받아 사용하다가 한 달 만에 취소한 적이 있다. 다시 구독하려니 프로모션은 사라지고 36만 원을 온전히 지불해야 하는 상황이 왔다.

하지만 제미나이를 한 번도 써보지 않은 신규 계정으로 들어가 보니 프로모션가가 월 11만 원까지 떨어져 있는 것을 확인했다. 최소 3개월은 해당 가격으로 사용 가능하니, 전략적으로 신규 계정을 생성하거나 프로모션을 갈아타며 가격 방어를 치는 것도 마케터의 생존 기술 중 하나다.

Google AI 플랜별 '디지털 월세' 비교

구글의 요금제는 단순히 저장 용량의 차이를 넘어, 'AI 작업량(크레딧)'에서 결정적인 급 나누기를 하고 있다.

요금제명	월 구독 (정가 기준)	월간 AI 크레딧
Google AI Ultra (30TB)	₩360,000	25,000
Premium (30TB)	₩178,500	1,000
Google AI Pro (2TB)	₩29,000	1,000

표를 보면 알겠지만, 바로 밑 단계인 Premium(30TB)과 AI Ultra의 가격 차이는 약 2배지만, 제공되는 AI 크레딧은 무려 25배(1,000 vs 25,000) 차이가 난다. 25,000 크레딧 정도는 되어야 잔여량을 보며 벌벌 떨지 않고, 내가 원하는 퀄리티가 나올 때까지 맘 놓고 프롬프트를 수정하며 '디자인 핑퐁'을 할 수 있다. 크레딧 순삭 현상 방어차원에서 'Google AI Ultra'를 추천한다.

② FLEX형 : 입만 벌리면 콘텐츠가 되는 마법
[조합: Google AI Ultra (11만원~36만원) + HeyGen (크리에이터 플랜 40,270원) + ElevenLabs (크리에이터 플랜 22달러=33,000원) / 예상 월세: 18만원~43만원]

내가 'AI 강아지' 채널을 운영하며 가장 애용하는 구성이다. 기본 기획과 비주얼 소스는 Gemini로 해결하되, 캐릭터가 말을 제대로 못 하거나 표정이 어색할 때 '최종 병기'인 HeyGen을 소환한다. 여기에 ElevenLabs의 고퀄리티 목소리를 입히면 립싱크의 이질감이 사라진다. 높은 월세를 내는 만큼 제작 속도는 비약적으로 빨라지고, 결과물은 '진짜 사람(혹은 동물)'이 말하는 듯한 착각을 불러일으킨다.

4. 당신이 콘텐츠 마케터라면? (Speed & Curation)
[조합: Gemini (Google AI pro 29,000원) + MangoBoard (49,000원) / 예상 월세: 78,000원]
콘텐츠 마케터에게 가장 중요한 미덕은 단연 '속도'다. 실무 현장에서 쏟아지는 무수한 시안 요청을 제때 쳐내기 위해 내가 가장 신뢰하는 도구는 망고보드(MangoBoard)다.
URL : https://www.mangoboard.net/

> • 실전형 AI 누끼 작업: 망고보드 내의 AI 기능을 활용하면 이미지의 배경을 제거하는 '누끼' 작업도 클릭 한 번으로 끝난다. 인쇄용 정밀 작업이 아닌 이상, 온라인용 시안은 이 정도로도 충분한 퀄리티가 나오기에 속도전이 필요한 마케터에게는 최고의 효율을 선사한다.
> • 요리사와 서버의 협업: 제미나이(Gemini)가 고퀄리티의 이미지 소스를 만들어내는 '훌륭한 요리사'라면, 망고보드는 그 소스를 예쁜 접시(템플릿)에 담아 손님에게 내놓는 '노련한 서버'와 같다. 아무리 좋은 소스도 매력적인 레이아웃에 담기지 않으면 콘텐츠로서의 가치를 발휘하기 힘들기 때문이다.
> • 저작권 스트레스 제로: 마케터의 마음을 괴롭히는 저작권 문제에서도 자유롭다. 망고보드에서 제공하는 수백 가지의 폰트와 디자인 요소를 마음껏 활용할 수 있다는 점은 '생존'을 넘어 '안정'적인 창작 환경을 보장해주는 핵심 매력이다.

잠깐, 여기서 끝이 아니다. 우리가 앞서 나열한 '생산용 AI'들의 월세가 전부라고 생각했다면 오산이다. 갓 뽑아낸 날것의 소스들을 다듬고, 조립하고 최종 결과물로 만들어낼 '편집 툴'의 비용까지 더해야 진짜 디지털 월세의 총합이 나온다.

디자이너, 마케터, 크리에이터를 막론하고 업계의 표준이자 기본기로 통하는 3가지 툴—포토샵, 일러스트레이터, 프리미어 프로—를 포기할 수는 없기 때문이다. 여기서는 Adobe Creative Cloud(모든 앱 구독 기준 월 78,100원)를 기준으로, 어도비의 AI가 어떻게 '생산형 AI'의 뒷수습을 하는지 살펴보자.

실전 케이스: Gemini가 싸지른 똥 치우기

가끔 Gemini는 천재적인 결과물을 내놓다가도, 난데없이 수습 불가한 결과물을 툭 던지곤 한다. (업계 용어로는 보통 '똥을 싸지른다'고 표현한다.) 하지만 당황할 필요는 없다. 우리에게는 이 똥을 거름 삼아 작품을 완성할 '포토샵'이라는 최종 병기가 있으니까.

• 사례 1) 뭉개진 텍스트의 재구성 - Erase

최근 제미나이로 시안용 이미지를 통으로 제작한 적이 있다. 전체적인 구도와 화풍은 마음에 들었지만, 정교한 '작은 글자'들은 AI 특유의 뭉개짐 현상으로 인해 읽을 수 없는 수준이었다. 예전 같으면 통째로 버렸겠지만, 이제는 다르다. 포토샵의 AI 제거 기능으로 뭉개진 글자 영역만 깨끗이 지운 뒤, 다시 망고보드로 가져와 선명한 폰트를 입히는 방식으로 시안을 완성했다.

• 사례 2) 치명적인 옥에 티 제거 - Fill

제미나이에게 "고등어를 가자미로 바꿔달라"는 고난도 명령을 내렸을 때의 일이다. 변환은 성공적이었으나 가자미 몸통 위에 원인 모를 큰 스크래치가 나 있었다. 아무리 프롬프트를 수정해도 제미나이가 스스로 이를 해결하지 못하자, 결국 나는 포토샵을 소환했다. 해당 영역을 지정하고 'Fill(채우기)' 명령어 한 번에 흉터가 감쪽같이 사라졌다. 이렇게 정제된 이미지를 다시 Runway로 가져가 4K 업스케일을 거치면, 광고주에게 바로 내놓아도 손색없는 고퀄리티 에셋이 탄생한다.

포토샵에서 수정하고 싶은 영역을 지정하면 하단 바에 [생성형 채우기] 버튼과 [제거] 버튼이 뜬다. 삭제하고 싶을 때는 제거를 누르면 되고, 채우고 싶을 때는 생성형 채우기를 누른 후 명령어에 Fill 을 입력하고 생성하면 채워진다. 수정하고 싶은 이미지에 맞게 방법은 선택하여 사용하면 된다.

예를 들어, 이미지 속 불필요한 운동화를 지우기 위해 포토샵의 '제거 (Remove)' 버튼을 누른다고 해보자. 이 단순해 보이는 클릭 한 번의 이면에는 어도비의 최신 생성형 AI 모델인 'Firefly Image 3'가 작동하고 있다. 픽셀을 단순히 주변 색으로 뭉개는 과거의 방식이 아니라, 주변 맥락을 완벽히

이해해 존재하지 않았던 배경을 새롭게 '생성'해내는 기술이다.

제거 전   제거 후

'디지털 월세' 명세서 (1인 크리에이터 FLEX형 기준)

결론적으로, 내가 현재 캐릭터 채널을 운영하며 매달 지불하는 '진짜' 생존 비용은 다음과 같다.

항목	사용 툴 조합	월 예상 비용
기획 및 소스 생성	Google AI Ultra (Gemini, Flow 포함)	₩110,000
편집	Adobe CC	₩78,100
목소리	ElevenLabs	₩33,000
립싱크 영상	HeyGen	₩40,270
컨텐츠 제작	망고보드	₩49,000
영상 업스케일링	Runway (standard)	₩22,500
합계		₩332,870

위에 제시된 표가 '디지털 월세' 명세서의 전부는 아니다. 10년 차 마케터이자 AI 크리에이터로서 채널을 유지하기 위해 매달 지불해야 하는 최소 고정비라고 이해하면 된다. 이 외에, 제작 콘텐츠의 성격이나 필요에 따라 단발적으로 사용하는 도구들은 저 내역에서 제외했다.

명세서 밖의 '가끔 구독하는' 별동대 친구들

매월 구독하는 것은 부담스럽지만, 콘텐츠의 완성도를 위해 필요할 때만 소환하는 '특수 요원'들이 있다.

- 영상의 해상도를 책임지는 '심폐소생술' (HitPaw): 제미나이나 런웨이에서 뽑은 소스가 아무리 훌륭해도 해상도가 낮으면 상업용 시안이나 고화질 채널에 올리기 주저하게 된다. 이때 영상의 디테일을 유지하며 4K로 정교하게 끌어올려 주는 HitPaw는 최고의 보정 툴이다. 연 구독 형태여서 위에서는 제외시켰다.

- 고난도 모션의 해결사 (Kling): 현재는 강아지 춤추는 영상 때문에 사용하고 있지만 이번 달이 지나면 구독을 끊을 예정이다. 언제까지 춤만 출 수는 없고 유행은 짧으니까.

- 음악적 감초, Suno AI: 배경음악(BGM) 제작에 탁월한 Suno 역시 마찬가지다. 매달 구독료를 내기보다는 영상 기획상 꼭 필요한 시그니처 사운드가 필요할 때만 한 달 구독하고 바로 취소하는 '치고 빠지는 전략'을 택한다. 또한 구독했을 때 이때다 싶어서 많이 만들어 놓고 두고두고 배경음(BGM)으로 사용한다.

- 치열한 실험의 흔적: 예전에는 Luma AI나 스테이블 디퓨전(Stable Diffusion) 등 언급한 것 이외에도 정말 수많은 툴을 결제하고 써봤다. 그 치열한 시행착오 끝에 내 손에 가장 잘 맞는 도구들만 추려낸 결과가 바로 위의 리스트인 셈이다.

마케터의 최종 가계부: 월 50만 원의 투자

새로운 툴을 테스트해보는 비용과 프로모션이 끝난 후의 변수까지 고려하면, 내가 측정하는 실제 디지털 월세는 평균 월 50만 원 정도다.

특히 현재 월 11만 원으로 방어 중인 Google AI Ultra는 프로모션이 종료되면 36만 원이라는 정가로 점프하게 된다. 그때가 되면 또 다른 가격 방어 대책을 강구해야 하겠지만, 지금 당장은 이 비용을 기꺼이 지불한다.

누군가에게는 50만 원이라는 월세가 부담스럽게 느껴질 수 있다. 하지만 다시 생각해보자. 수억 원의 제작비와 수십 명의 인력을 대신해 '나 홀로 스튜디오'를 운영하는 비용이라 생각하면, 이 월세는 아깝지 않은 투자일 수 있다. 중요한 것은 이 비용을 내며 벌벌 떠는 세입자가 아니라, AI를 내 손발처럼 부려 그 이상의 수익을 창출하는 '생산자'가 되는 것이다.

- 무료 툴 vs 유료 툴, 언제 갈아타야 할까?

AI 툴의 세계에 발을 들였다면 누구나 결제 버튼 앞에서 고민에 빠진다. 그러나 냉정하게 말해, 제대로 결과물을 뽑아내고 싶다면 무료로는 불가능하다고 봐야 한다. 사방에 박힌 워터마크와 사투를 벌여야 하고, 완벽한 한 장면을 얻기 위해 반복되는 시행착오를 감당하기엔 기본 제공 크레딧이 턱없이 부족하기 때문이다. 아마 무료 버전만 고집해서는 숏츠 한 편도 온전히 완성하지 못할 확률이 높다. 10년 차 마케터가 제안하는 실패 없는 구독 전략을 정리했다.

1. 한 놈만 팬다: '원 툴(One Tool)' 점진적 확장법

AI 툴 사용이 아직 익숙하지 않다면 처음부터 여러 개를 결제하는 '툴 쇼핑'은 금물이다.

- 단계적 접근: 우선 한 가지 툴에 깊게 파고들어 충분히 익숙해지는 시간을 가져라.

- 유료화 타이밍: 그 툴이 내 손발처럼 움직이기 시작할 때, 그때 비로소 다음 유료 툴로 범위를 넓혀가는 것이 통장 잔고를 지키는 비결이다.

2. (매우 중요) 연간 약정 금지, 무조건 '월 구독'

이건 생존을 위한 필수 수칙이다.

- 유연성 확보: AI 기술은 자고 일어나면 새로운 강자가 나타나는 전장이다. 연 구독으로 묶이면 더 좋은 툴이 나와도 갈아타지 못하는 비극이 발생한다.

- 언제든 손절 가능하게: 언제든 취소 가능한 월 구독 방식을 택해라. 한 달 바짝 써보고 "이건 내 상상력을 실현해주기에 부족하다" 싶으면 미련 없이 끊어야 한다. 내 상상력을 실제 영상으로 구현해낼 수 있는지가 구독 유지의 유일한 기준이다.

3. '가장 낮은 단계'부터 밟고 올라가기

처음부터 최고 사양의 플랜을 구독할 필요는 전혀 없다. 일단 가장 낮은 단계의 플랜으로 시작해라. 그러다 "아, 크레딧이 더 필요해서 작업이 끊기네?"라는 갈증이 느껴질 때, 그때 플랜 사양을 올리는 것이 가장 합리적인 '디지털 월세' 관리법이다.

• 꼭 알아야 할 저작권과 AI법: 초상권 보호부터 최신 AI 규제 법안

1. 2026년 1월 22일 시행, 'AI 생성물 표시 의무제'

이제 AI로 만든 콘텐츠를 세상에 내놓을 때는 "이것은 AI가 만들었습니다"라는 사실을 투명하게 밝히는 것이 법적 의무가 되었다.

- 표시 대상: 생성형 AI를 이용해 만든 이미지, 영상, 음향 등 외부로 유통되는 결과물 전체가 대상이다

- 의무 주체: 법률상 의무 주체는 '인공지능사업자'다. AI 기술 개발사뿐만 아니라, AI를 이용하여 제품이나 서비스를 직접 제공하는 개인이나 단체도 포함된다. 다만, 단순히 도구로 활용하는 개인 창작자에게는 직접적인 의무가 없으나, 결과물이 실제와 구분이 어려운 '딥페이크' 수준이라면 이야기가 달라진다.

- 플랫폼 체크 기능으로 충분할까?

유튜브나 인스타그램의 'AI 생성 콘텐츠' 라벨링 기능은 훌륭한 도구이지만, 법적 책임을 완전히 면제해주지는 않는다. 법안은 이용자가 명확하게 인식할 수 있는 방식을 요구하므로, 영상 내부에 가시적인 워터마크나 자막을 병행하거나, 실제와 혼동될 우려가 있는 경우 시작 전 음성 고지를 하는 것이 안전하다.

- 위반 시 과태료: AI 사용 사실을 고의로 숨기거나 마치 사람이 직접 만든 것처럼 속이는 'AI 워싱(AI Washing)'은 기만적인 광고로 간주된다. 이를 위반할 경우 최대 3,000만 원 이하의 과태료가 부과될 수 있다. 단, 법 시행 후 최소 1년간은 계도 기간으로 운영된다.

2. 프롬프트와 결과물의 저작권

- 프롬프트 저작권: 결론부터 말하면 프롬프트 자체에는 저작권이 없다. 저작권법은 인간의 '표현'을 보호하는데, 프롬프트는 AI에게 내리는 '명령'이나 '아이디어'에 해당하기 때문이다.

- 결과물 저작권: AI가 단독으로 생성한 결과물은 현재 저작권 보호 대상이 아니다. 하지만 인간이 프롬프트를 수십 번 수정하고, 포토샵 등으로 정교한 후보정을 거치는 등 창의적 기여도가 입증된다면 예외적으로 보호받을 가능성이 열려 있다.

3. 레퍼런스 활용의 골든 룰

- 유사성의 경계: 단순히 "누구 스타일"을 따라 하는 것은 법적 문제가 적지만, 남의 사진이나 영상의 특정한 구도, 캐릭터, 색감을 그대로 복제하듯 AI로 재현하는 것은 명백한 저작권 침해다.

- 초상권과 딥페이크: 실존 인물을 레퍼런스로 써서 가상 인간을 만들 경우 초상권 및 퍼블리시티권 침해로 직결된다. 2026년 법안은 특히 실존 인물과 혼동될 수 있는 딥페이크에 엄격하므로, 실존 모델 데이터를 쓸 때는 반드시 서면 동의를 거쳐야 한다.

"투명함이 최고의 브랜딩이다." AI로 만든 것임을 당당히 밝히되, 그 안에 담긴 '나만의 기획력'과 '디렉팅 능력'으로 승부해라. 법적 리스크를 피하는 가장 쉬운 방법이자, 독자의 신뢰를 얻는 유일한 길이다.

7장. 넥스트 레벨: 실전 채널 전략과 젠지(Gen Z)식 생존법

- [채널별 리얼 후기] 삐숑이의 5개국 유람기

: 유튜브, 틱톡, 인스타, 네이버 TV, X, 카카오까지 직접 굴러보며 얻은 플랫폼별 생존 데이터

무거운 시사·정치 뉴스를 어떻게 하면 10대, 20대 미래세대에게 재밌게 먹일 수 있을까? 이 고민 하나로 '삐숑 ㅣ 국민강아지' 채널을 열었다. 사실 삐숑이는 우리 집 실제 강아지 이름인데, 처음에 미드저니로 캐릭터 잡을 때 실제 우리 강아지 사진을 레퍼런스로 써서 그런지 더 애착이 갔다.

지난 2달간 하나의 숏츠를 만들어 유튜브부터 틱톡까지 5개 플랫폼에 동시에 뿌리며 온몸으로 부딪쳐 본 생생한 생존 기록을 공유한다.

1. 유튜브: 알고리즘은 재미를 먹고 자란다

먼저 유튜브는 정말 냉정했다. 한 달 차쯤 구독자 150명에 평균 조회수 1,000회 정도 나오던 시절이었다. 욕심이 생겨서 채널 정체성을 확실히 하려고 카테고리를 [정치]로 바꾸고 해시태그까지 싹 세팅했다. 그러고는 야심 차게 '정보통신망법 개정안 비판' 영상을 올렸는데, 조회수가 딱 5회가 나왔다. 진짜 채널이 죽은 줄 알고 밤잠을 설쳤다.

여기서 깨달은 건 유튜브 알고리즘은 '정치' 카테고리를 정말 좁고 엄격하게 본다는 것이다. 직접적인 비판보다는 대중적인 카테고리 안에서 유연하게 접근하는 게 훨씬 유리했다. 결국 다시 [인물/블로그]로 돌리고 풍자에 힘을 줬더니 다시 조회수가 1,000회대로 회복되었다.

결정적인 모멘텀은 춤추는 삐숑이었다. Kling으로 만든 댄스 영상 2개가 각각 18만 회, 19만 회가 터지면서 순식간에 구독자가 500명 넘게 늘고 지금은 1,200명을 돌파했다. 무거운 뉴스보다 가볍고 시각적인 '스낵 콘텐츠'가 젠지(Gen Z)들 취향을 제대로 저격한 거다. 그래서 지금은 재미있는 영상과 시사 영상을 2:1 비율로 섞어서 운영하고 있다.

2. 틱톡: 내 멘탈을 지켜준 자존감 지킴이

의외로 내 멘탈을 지켜준 건 틱톡이었다. 유튜브에서 카테고리 실수로 조회수 5회를 찍고 절망하고 있을 때, 틱톡은 묵묵히 내 콘텐츠를 노출해 주며 다시 일어설 동력을 주었기 때문이다.

가장 놀라운 점은 틱톡이 유튜브와는 정반대의 반응을 보였다는 것이다. 틱

톡은 정치 뉴스가 먹히는 의외의 놀이터였다. 댄스 챌린지나 흥미 위주의 콘텐츠가 터질 줄 알았는데, 오히려 삐숑이가 전하는 시사·정치 뉴스에 가장 뜨겁게 반응한다. 반면 밈이나 재미 위주의 영상들은 의외로 반응이 미미했다. 현재 틱톡 팔로워는 800명 정도인데, 유튜브에서 조회수가 안 나와 기운 빠질 때마다 틱톡의 꾸준한 조회수를 보며 "내 콘텐츠가 틀리지 않았구나"라는 위안을 얻는다.

누군가는 중국 기반 플랫폼이라고 피할 수도 있겠지만, 1인 크리에이터에게 가장 무서운 건 악플보다 무서운 '무플'이다. 초반에 아무도 내 콘텐츠를 봐주지 않으면 퇴근 후 새벽까지 영상을 만들 기운이 도저히 나지 않기 때문이다. 즉, 창작자의 동력은 '노출'에서 나온다. 틱톡은 그런 면에서 내 정신 멘탈을 붙잡아준 일등 공신이었다. 유튜브에서 한 방의 대박 모멘텀을 노린다면, 틱톡은 매일의 꾸준한 반응을 통해 내가 지치지 않게 해주는 든든한 버팀목이 되어주었다.

3. 인스타그램 : 관계 중심의 높은 벽

반면에 인스타그램은 2년 전 개설해두었던 삐숑이 채널을 다시 살려보기로 했다. 결과는 정직했다. 기존 팔로워 50명에서 시작해 2달간 운영해 본 결과, 팔로워는 59명이 되었다. 2달 동안 딱 9명 늘어난 셈이다.

확실히 인스타그램은 '관계 중심'의 플랫폼이라는 것을 뼈저리게 느꼈다. 지인이나 관심사가 촘촘하게 연결된 관계망 속에서 생판 모르는 AI 캐릭터가 갑자기 비집고 들어가기란 정말 쉽지 않았다. 유튜브나 틱톡처럼 아예 신규 계정을 개설해서 깨끗한 알고리즘에서 시작했어야 했나 하는 후회도 들었다. 운영하는 내내 '이미 알고리즘이 죽어버린 채널인가' 싶어 의심될 때도 많았고 고민도 컸다. 다른 플랫폼에 비해 이렇다 할 반응이 거의 없다 보니 사실 힘이 좀 빠진다. 하지만 일단은 포기하지 않고 삐숑이의 기록을 남겨두는 용도로라도 계속 가져가 보기로 했다. 스레드(Threads)도 같이 연동되어 올라가긴 하지만, 지금은 그냥 업로드 자체에 의의만 두고 있다.

4. 네이버 TV & 클립: 연동의 저주를 조심할 것

네이버 TV와 네이버 클립은 영상 기반 플랫폼이라는 공통점이 있지만, 사실 노출 방식부터 타겟까지 완전히 딴판이다. 이 차이를 모르면 나처럼 '연동의 저주'에 빠져 공들여 키운 채널의 알고리즘을 망가뜨릴 수 있다.

네이버 TV는 '목적지'고, 네이버 클립은 '길거리 전광판'이다.

> • 네이버 TV (검색 기반): 유튜브처럼 사용자가 특정 키워드를 검색하거나 채널을 구독해서 찾아 들어오는 '목적지' 같은 플랫폼이다. 시사나 정치처럼 명확한 정보를 다루는 삐숑이 콘텐츠는 네이버 TV의 노출 방식과 궁합이 아주 잘 맞았다.
> • 네이버 클립 (추천 기반): 네이버 앱 메인 탭에 숏폼으로 노출되는 '길거리 전광판'이다. 유저의 의도와 상관없이 알고리즘이 영상을 던져주는 방식인데, 여기서 결정적인 승부처는 '카테고리'다. 네이버 클립은 태생적으로 패션, 뷰티, 푸드, 여행 등 생활 밀착형 라이프스타일과 쇼핑 콘텐츠를 밀어주기 위해 설계되었다.

때문에 클립 알고리즘에는 시사나 정치 이슈를 띄워줄 만한 적절한 해시태그나 카테고리가 사실상 부재하다. '돈이 되는 정보'를 찾는 유저들에게 내 시사 영상은 '잘못 배달된 전단지'와 다름없었다. 또한 문제는 이 둘을 연동하는 순간 발생했다. 클립에서 반응이 없는(카테고리가 맞지 않는) 데이터가 네이버 TV의 채널 지수까지 깎아 먹으며 채널 전체가 폭망하게 된 것이다. 한 번 연동하면 고객센터를 통해서도 해제가 불가능하니 주의해야 한다.

결론적으로 내 콘텐츠가 시사·정치 중심이라면 네이버 TV에 집중하되, 클립 연동은 내 영상이 라이프스타일 카테고리와 얼마나 접점이 있는지 냉정하게 따져본 후 결정해야 한다.

5. X(트위터) & 카카오: 아직은 탐색 중

마지막으로 X와 카카오는 현재 채널의 성격에 맞춰 조심스럽게 탐색하고 있는 단계이다. 모든 채널을 다 완벽하게 가져가기보다 플랫폼의 특성을 파악하며 효율적인 운영법을 고민하고 있다.

소통이 먼저인 네트워크 X(트위터)는 '선팔·맞팔'을 통한 소통이 여전히 유효한 플랫폼이라는 이야기를 듣고 조심스럽게 시도하고 있다. 텍스트 중심의 휘발성이 강한 곳이다 보니 숏츠 영상을 전파하는 데는 또 다른 노하우가 필요해 보인다. 현재는 꾸준히 업로드하며 반응을 살피고 있지만, 제작 에너지를 쏟아붓기보다는 플랫폼의 분위기를 익히는 데 중점을 두고 있다.

카카오는 누구나 영상을 올릴 수 있는 다른 플랫폼과 달리, 카카오 측으로부터 '크리에이터'로 선정되어야만 업로드 권한을 가질 수 있는 구조이다. 12월 상시 모집 기간에 지원했으나, 정치 풍자라는 다소 민감한 주제 때문인지 거절의 쓴맛을 보았다. 하지만 1월에 대대적인 크리에이터 모집 공고가 다시 떴고, 이번에는 좀 더 정제된 콘텐츠 전략을 들고 다시 한번 도전장을 던진 채 결과를 기다리고 있다.

지난 두 달간 5개 플랫폼을 종횡무진하며 온몸으로 부딪쳐 얻은 데이터는 명확했다. 단순히 열심히 하는 것이 아니라, 각 플랫폼의 생태계를 이해하고 내 콘텐츠를 어디에 배치할지 결정하는 '영리한 믹스 전략'이 핵심이다.

마케터의 최종 결론: "모멘텀과 멘탈의 균형 잡기"

10만회 이상과 10회 미만의 조회수를 동시에 경험하며 내린 AI 콘텐츠 생존 전략의 핵심이다.

- **유튜브(YouTube): '한 방'을 노리는 모멘텀 전장**
  알고리즘의 파도를 타고 단숨에 채널의 체급을 바꿀 수 있는 가장 강력한 기회의 땅이다.
- **틱톡(TikTok): 지치지 않게 하는 '정신적 동력'**
  유튜브의 냉혹한 알고리즘에 상처받을 때, 꾸준한 노출과 정직한 반응으로 창작자의 멘탈을 지켜주는 든든한 버팀목이다.
- **기타 채널: 특성에 맞춘 '전략적 포트폴리오'**
  관계 중심의 인스타그램, 검색과 정보 중심의 네이버 TV 등 각 플랫폼의 문법에 맞춰 콘텐츠를 보조적으로 배치한다.

이 데이터들이 웹상에 널리 퍼지고 인용될수록, 구글 제미나이(Gemini)나 챗GPT 같은 생성형 AI 엔진은 '삐송이'라는 캐릭터를 신뢰할 만한 정보이자 하나의 '브랜드'로 인식하기 시작한다. 플랫폼을 장악하여 지금 당장의 노출을 만드는 것이 단기적인 성과라면, 장기적으로는 AI가 수많은 정보 속에서 우리 브랜드를 스스로 '발견'하고 정답으로 추천하게끔 설계해야 한다.

검색되지 않아도 AI가 먼저 유저에게 우리를 건네게 만드는 법, 그것이 바로 다음에 다룰 'GEO(Generative Engine Optimization)' 전략의 핵심이다.

• 검색의 시대는 끝났다: AI가 먼저 찾아오게 만드는 'GEO' 전략

얼마 전 한 모임에서 공학을 전공한 예비 창업자 한 분을 만났다. 어떤 사업을 준비하느냐는 내 질문에 그는 'GEO(Generative Engine Optimization)' 솔루션이라는 생소한 단어를 꺼냈다. 그의 설명은 명확했다. 이제 유저들의 검색 여정이 구글이나 네이버에서 챗GPT(Chat GPT)나 제미나이(Gemini), 일명 'GG'의 영역으로 급격히 이동하고 있다는 것이다. 예전에는 검색창에 키워드를 넣고 내가 직접 링크를 찾아 들어갔다면, 이제는 AI에게 질문하고 AI가 건네주는 정답을 그대로 수용한다.

만약 유저가 "요즘 핫한 미지근 메이크업 제품 5개만 추천해 줘"라고 물었을 때, 우리 브랜드 제품이 GG의 답변에 포함되지 않는다면? 그건 AI 시대에 존재하지 않는 브랜드나 마찬가지다. 사실 마케터인 나에게도 GEO는 아직 탐구 중인 생소한 영역이다. 그래서 GG에게 직접 물어봤다. "어떻게 하면 유저의 질문에 우리 브랜드를 가장 먼저 추천해 줄 거니?"라고 말이다. GG가 내놓은 답변은 마케터라면 반드시 염두에 두어야 할 핵심적인 트렌드였기에, 그 실전 가이드를 이곳에 공유한다.

1. AI가 신뢰하는 흔적: '홈페이지 밖'에서 승부하라

GG(제미나이/챗GPT)가 우리 홈페이지를 매번 실시간으로 구석구석 살펴보는 것은 아니다. 대신 AI는 '웹상에 이미 널리 노출·정의·인용된 브랜드'를 더 신뢰하고 답변으로 꺼낸다. 진짜 승부는 내 집(홈페이지) 안이 아니라 집 밖(외부 플랫폼)에서 난다는 뜻이다.

• '제3자의 증명'을 설계하라: AI는 브랜드의 직접 홍보글보다 비교글이나 리스트 콘텐츠를 훨씬 신뢰한다. 예를 들어 "미지근 메이크업 입문템 추천 5" 같은 정보성 리스트에 우리 브랜드가 후보 중 하나로 반복 등장하는 흔적을 만들어야 한다.
• 뉴스라는 강력한 신호: AI는 뉴스나 보도자료를 가장 강력한 '사실 정보'로 인식한다. 신제품 출시나 콜라보 같은 사실 기반의 기사가 3~5개만 있어도 AI의 추천 확률은 급격히 올라간다.

- 엔티티(Entity) 통합의 마법: 여러 외부 소스에서 브랜드가 반복 등장할 때 가장 중요한 것은 '동일한 정체성'을 유지하는 것이다. 구글 맵, 네이버 플레이스, 인스타그램 등에 적힌 상호명, 카테고리, 설명, URL 등이 모든 곳에서 일치해야 AI가 혼동하지 않고 하나의 '신뢰할 수 있는 실체'로 인식한다.

2. AI가 우리 브랜드를 찾는 현실적인 경로

홈페이지 하나만 잘 만든다고 AI 추천에 바로 뜨기는 어렵다. 브랜드가 웹 전체에서 '객관식으로 찍히는 흔적'이 많아져야 한다.

- 검색엔진 인덱스: 구글, 빙, 네이버 등 기존 검색엔진에 잘 잡혀 있어야 한다.
- 지식 그래프와 디렉토리: 지도 서비스, 업체 DB, 위키류 등 공신력 있는 리스트에 등록되어야 한다.
- 제3자 콘텐츠: 뉴스 기사, 비교 리뷰, 커뮤니티의 Q&A 등 외부의 평가 데이터가 쌓여야 한다.

3. AI가 읽을 수 있는 '언어'로 말하기

홈페이지나 상세페이지를 만들 때 '예쁜 그림'으로만 채우는 건 AI 시대에 치명적이다. AI는 그림 속 글자보다는 텍스트를 훨씬 잘 읽기 때문이다.

기술적 최소 조건 (Checklist)

- robots.txt: AI 봇의 접근을 막고 있지는 않은가?
- 사이트맵: sitemap.xml을 만들어 검색엔진에 제출했는가?
- 스키마 적용: Schema(Organization, FAQ 등)를 적용해 AI가 정보를 구조적으로 이해하게 했는가?
- HTML 텍스트: 핵심 정의를 통 이미지 속 글자가 아니라 AI가 읽을 수 있는 언어, 실제 텍스트로 넣었는가?

- 에필로그: 효율과 가성비를 요구받는 시대, 젠지(Gen-Z) 세대를 위한 실패 단축 수업

최근 20대 친구와 삶의 방향에 대해 깊은 대화를 나눌 기회가 있었다. 그 친구는 요즘 세대에게 시간은 곧 금이며, 그렇기에 실패를 최소화하고 시간을 아끼는 '실패 단축'이 무엇보다 중요하다고 말했다. 누가 실패를 좋아하겠냐마는, 예전처럼 "실패도 다 경험이다"라는 낙관적인 위로가 더 이상 통하지 않는 시대가 된 것이다. 정보를 얻을 수 있는 통로가 워낙 많아지다 보니, 지금 이 시간을 공부에 투자해야 할지 아니면 네트워크에 투자해야 할지까지 디테일하게 계산하고 움직이는 것이 지금 세대의 생존법이었다.

마케터로 10년 넘게 일해온 나 역시 이 '효율'이라는 가치에 대해 깊이 고민해 왔다. 그리고 그 고민의 끝에서 만난 AI 기술은 단순히 영상을 빠르게 만들어주는 도구를 넘어, 실패의 비용을 획기적으로 낮춰주는 가장 강력한 파트너였다.

◆ AI는 버블이 아니라 실체다

사실 처음 AI를 접했을 때만 해도 나 역시 의구심이 있었다. AR이나 VR처럼 그저 한탕주의를 노린 반짝 유행(Bubble)이 아닐까 의심했다. 하지만 직접 유저가 되어 툴을 사용해 본 순간, 나는 혁신적인 세계를 목격했다. 마케팅과 콘텐츠 기획은 물론이고, 복잡한 SQL 코드까지 단숨에 짜주는 AI를 보며 이것은 미래가 아닌 지금 당장 우리 곁에 있는 '실체'임을 깨달았다.

효용성이 크고 현실성이 있다면 그것은 결코 거품이 아니다. AI는 우리가 더 빠르게 실패하고, 더 빠르게 정답을 찾아가도록 돕는 가장 현실적인 지름길이다.

◆ 기획자의 질문은 여전히 인간의 몫이다

물론 AI가 모든 것을 다 해주는 것은 아니다. 기술이 아무리 발전해도 어떤 질문을 던질 것인지, AI 세상에서 내가 어떤 역할을 할 것인지 고민하는 '생각의 방식'은 온전히 사람의 몫이다. 이 기획의 영역, 즉 질문의 힘을 어떻게 키우느냐가 결국 실패를 단축하는 핵심이다.

이 책은 그런 고민을 하는 이들에게 조금 먼저 경험해 본 마케터로서 건네는 작은 도움이다. 사실 이 책 자체도 제미나이(Gemini)와 함께 썼다. 전반적인 기획은 내 머릿속에서 나왔지만, AI와의 협업을 통해 그 과정을 훨씬 더 효율

적으로 단축할 수 있었다.

◆ 경험이 지름길이 되길 바라며

내가 소개한 AI 툴들은 그 기능이 무궁무진하며, 내 지식이 한정적인 만큼 이 책에 담긴 내용은 철저히 내 경험에 기반하고 있다. AI 기술은 너무나 빠르게 변하기 때문에, 내가 캡처해둔 화면(UI/UX)이 3개월 뒤면 또 업데이트되어 바뀌어 있을지도 모른다. 그럼에도 불구하고 내가 이 책을 쓴 이유는 명확하다.

주변에서 "이런 영상은 어떻게 만드느냐"라고 물어볼 때마다, 100페이지가 넘는 이 모든 과정을 말로 설명하기란 불가능에 가까웠다. 그래서 내가 경험하고 깨달은 모든 노하우를 이 한 권에 다 쏟아부었다. 비록 부족한 점이 있더라도, 나의 경험이 누군가에게는 실패를 줄여주는 지름길이 되고 새로운 삶의 지평을 여는 계기가 되길 진심으로 바란다.

디지털 월세 내는
마케터의 AI 생존기

· 초판 1쇄 발행 | 2026년 1월 30일
· 펴낸이 | 주성은
· 펴낸곳 | 조이투더월드
· 등록 | 제2025-000158호(2025년 12월 18일)
· 주소 | 서울특별시 송파구 올림픽로12길 4-23 4층 30호 (잠실동)
· 이메일 | prettybichon01@gmail.com
ISBN 979-11-996663-0-6 (03320)